U0909662

主编　张风雷　【日】菅野博史
副主编　张文良　【日】蓑轮显量

《法华经》与东亚佛教

——第六届中日佛学会议论文集

图书在版编目（CIP）数据

《法华经》与东亚佛教：第六届中日佛学会议论文集 / 张风雷主编 . --
北京：宗教文化出版社，2024.4

ISBN 978-7-5188-1596-8

Ⅰ . ①法… Ⅱ . ①张… Ⅲ . ①《法华经》—研究—文集②佛教—东亚—国际学术会议—文集 Ⅳ . ① B942.1-53 ② B948-53

中国国家版本馆 CIP 数据核字 (2024) 第 078791 号

《法华经》与东亚佛教

——第六届中日佛学会议论文集

主　编 张风雷 ［日］菅野博史

副主编 张文良 ［日］蓑轮显量

出版发行：宗教文化出版社
地　　址：北京市西城区后海北沿 44 号（100009）
电　　话：64095215（发行部） 64095340（编辑部）
责任编辑：孟金霞（158504349@qq.com）
版式设计：贺　兵
印　　刷：河北信瑞彩印刷有限公司

版本记录：880 毫米 ×1230 毫米　32 开　7.5 印张　200 千字
2024 年 7 月第 1 版　2024 年 7 月第 1 次印刷
书　　号：ISBN 978-7-5188-1596-8
定　　价：128.00 元

目录

《法华经》在印度的形成及其思想

濑户短期大学教授　冈田行弘

一、前言

《法华经》号称“诸经之王”①，是东亚佛教圈中最受尊重和喜爱的经典。在现代日本，《法华经》也和《般若心经》一起被人们日常读诵。可是，在印度佛教世界的内部，它并不具有重要的位置。理由之一是，集初期大乘佛教思想之大成并奠定后来印度佛教主流的龙树，以《般若经》的空思想为基础，将《华严经·十地品》中菩萨的十地视为通向觉悟的阶梯。而《法华经》中“一切众生（疾速）成佛”的教法，没有赋予大乘佛教思想家以解释的余地。在印度的佛教世界中，出家僧侣才是佛教的承担者。另外，印度没有形成信仰单一经典的独立教团、组织。

但另一方面，在大乘经典传播所及的印度周边地域，《法华经》

① 在《法师品（X）》第21偈,《法华经》自称sūtrarājaṃ，鸠摩罗什译为“诸经之王”（大正9，32a）。

却备受推崇，得到广泛信奉。在西北印度、中亚及尼泊尔等地区，发现最多的梵文写本就是《法华经》。这表明提倡经卷信仰并将经典本身视为佛的《法华经》的思想，得到广泛接受，并促使各个地域出现了《法华经》的修行者。

在此次会议上，首先，我想简单报告一下日本有关梵文《法华经》的研究现状；其次，通过与《般若经》的比较，对作为新佛说的《法华经》的构想作出解说；最后，由此提出《法华经》是综合经典的观点。

二、梵文《法华经》的研究状况[①]

有关《法华经》梵文写本的研究和出版情况，很难给出简单的概括。因为我不是写本研究的专家，所以在这里仅介绍一下日本的部分研究成果。根据《法华经》梵文写本的发现场所，可以分为以下 4 类。

---

① 本节主要依据下述两篇论文。另外，请参照东洋哲学研究所网站首页的“‘法華経写本シリーズ’的概说”以及已出版的 16 件写本的“概要”。

塚本啓祥（TUKAMOTO，Keisho）：“梵文法華経写本の研究”（A study of Sanskrit Manuscrips of *Saddharmapuṇḍarīkasūtra*），《法華文化研究（立正大学）》（HOKKE-BUNKA KENKYU）13，1987 年。

石田智宏（ISHIDA，Chiko）：“法華経の梵語写本　発見・研究史概観”（The Discovery and Study of Sanskrit Manuscript of the Lotus Sutra: An Overview），《東洋文化研究所所報（身延山大学）》（*Journal　Research Institute of Eastern Culture*）10，2006 年。

I. 尼泊尔 /（中国）西藏写本

a. 贝叶本（11 世纪—）

b. 纸本（18 世纪—）

II. 吉尔吉特（迦湿弥罗）写本（7 世纪—）

III. 中亚写本

a. 古写本（5、6 世纪）

b. 喀什噶尔本系

c. 吉尔吉特 / 尼泊尔写本近似本

IV. 阿富汗写本

《法华经》的梵本校订版由荷兰学者 Kern 和日本的南条文雄首次出版。[①]这是两个系统的混合本。首先是南条把尼泊尔系的 6 种写本制作成一个文本，Kern 得知以后，立即用喀什噶尔本加以校订，从而形成此本。这一 Kern / 南条本至今为止仍是定本。其后，荻原云来和土田胜弥以 Kern 本为基础，参照尼泊尔系的河口本以及藏译、汉译，刊行了校订版（罗马字版）。[②]由于此书是罗马字版，所以便于利用，但也包含不太恰当的订正。

要做原典研究，只依靠 Kern 本是不够的。基于 II 的吉尔吉特写

① *Saddharmapuṇḍarīka,*ed.by H.KERN and Bunyiu NANJIO，Bibliotheca Buddhica X.1908–12，Reprint，Tokyo，1970. 略号：KN 本。

② 《改訂梵文法華経》*Saddharmapuṇḍarīkasūtram* ed.by WOGIHARA Unrai and TSUCHIDA Katsumi，Tokyo，Sankibo，1935，1994（3rd ed.）。

本的文本，1975 年由渡边照宏出版。[①] 其次，关于 III 的中亚写本，户田宏文（1936—2003）将喀什噶尔写本、Farhād-Bēg 写本以及数片断简罗马字化并出版了。[②] 现今这两种刊本仍有很高的利用价值。另外，户田在尼泊尔写本的系统研究方面也留下了重要业绩。

这个时期，立正大学的《法华经》文化研究所致力于搜集写本，刊行了《梵文法华经写本集成》。[③] 此书以 31 种写本对应南条本的行文，资料价值极高。

另外，东洋哲学研究所受创价学会委托，自 1997 年开始刊行“法华经写本系列”。最初（1997 年）出版的《旅顺博物馆所藏梵文法华经断简——写真版及罗马字版》（编者：蒋忠新）[④]，是日本大谷探险队收集的中亚写本，后由旅顺博物馆保管。至今为止，该研究所已刊行了 16 件写本，Kern / 南条本用以校订的 6 种写本也被收罗其中。

《法华经》的最新校本，即《法华经的三种语言校订版》是由

---

① WATANABE Shoko, Saddharmapuṇḍarīka Manuscript Found in Gilgit, Part I, II, Reiyukai, Tokyo, 1975.

② TODA Hirohumi, Saddharmapuṇḍarīkasūtra, Central Asian Manuscripts, Romanaized Text, Tokusima, Kyoiku Shuppan Center, 1981.

③ Sanskrit Manuskripts of Saddharmapuṇḍarīkasūtra, Collected from Neapel, Kashmir and Central Asia, I–XII, Tokyo, 1977–82.

④ JIANG Zhongxin, Sanskrit Lotus Sutra Fragments from the Lǘshun Museum Collection, Fakcimile Edition and Romanized Text, Lǘshun Museum and Soka Gakkai, 1997.

辛岛静志开始编纂的。[①] 此校订本把《法华经》分为小节，再将梵语、藏译、汉译并排处理，因而易于对比。梵语是将由吉尔吉特写本和多件尼泊尔系写本校勘而成的校订版，和多件中亚系写本并排处理。藏译使用的版本和重要的写本、断片共计五种。汉译使用了《正法华》和《妙法华》，有对应之处的话，也同时列出《萨昙分陀利经》。《安乐行品》以及《从地涌出品》的开头部分已经刊行，其余有待完成。

三、关于《法华经》形成的诸理论

关于《法华经》的形成，至今议论纷纭。一般在客观分析大乘经典的时候，主要关注的问题是一个经典依据什么思想而产生和展开。然后，再着眼于经典内部（各品）的异质性，讨论文本形成的阶段性，这被认为是经典研究的传统方法。众多学者提出假说，认为《法华经》的 27 品可以分成几组，经过不同的历史、时段，才形成了现行的《法华经》。也就是说，"原始法华经"（如《方便品》的一部分）首先产生，然后各品逐渐附加上去，经过相当长的时期

① KARASHIMA Seishi，" A trilingual Edition of the Lotus Sutra - New edition of Sanskrit，Tibetan and Chinese versions"，(1) - (4)，*Annual Report of The International Research Institute for Advanced Buddhology at Soka University*（《創価大学国際仏教学高等研究所年報》），2003–2006。

（100 年—200 年以上）才形成了全部的 27 品。另外，关于散文部分（长行）和韵文部分（偈颂）形成时间的前后关系，也有不同意见。伊藤瑞叡曾按年代顺序整理了 28 种《法华经》的形成理论，并分析评价了各自理论的优缺点。[①]

阶段形成说的代表是布施浩岳。[②]根据经文是否提及六道说与十界说的不同，是否提及书写经典的修行，以及不同经文中佛塔信仰和经卷信仰的差异，他把《法华经》整体分为 3 类。在时代方面，布施认为从公元前 1 世纪到公元后 150 年左右，《法华经》经过 4 个阶段才形成。这一研究不仅是《法华经》研究，也成了大乘经典研究的模范。把《法华经》分为三类，这一解释虽被后人有所修正，但却得到众多《法华经》研究者的广泛支持。

但是，布施认为各类之间存在时代上的断绝，这并不正确。聊举一例。在以声闻为说法对象的第一类经文（至 IX）中，没有提及书写和供养经卷。以此理由，布施认为“第一类形成之时，书写尚未产生。后来随着时代推移，书写产生了，然后提倡书写和供养经卷的诸品（X 以后）才形成”。可是，第一类的场景中，佛仍在世，佛弟子们是闻佛说法的声闻（śrāvaka）。他们不可能书写经典、供养

① 伊藤瑞叡：《法華経成立論史——法華経成立の基礎的研究》（A basic study on the genesis and formation of the Saddharmapuṇḍarīkasūtra），平楽寺書店，2007 年。

② 布施浩岳：《法華経成立史》，大東出版社，1934 年。

经卷，所以这种经文才不会出现。如果没有注意到《法华经》的各品是在何种情景下、对谁说法的话，就会造成这种误解。

1983年，苅谷定彦提出，《法华经》是部文学作品，它倡导的一贯思想是“一切众生皆是菩萨”。[①]1993年胜吕信静提出新的“(《法华经》) 27品同时成立说”，一反一直以来认为《法华经》经过长时期、阶段性形成的主流观点。[②]胜吕关注的不是当时为止所强调的各品之间的异质性，而是各品在有机的关联和场景下展开说法（说相）。他还进而论证，各品的排列表现出了经的思想意义。这种方法强调，既然《法华经》是一部经典，那就要尊重其自身的同质性。伊藤瑞叡对胜吕的观点表示赞同。

我基本上沿用胜吕的方法论。简要说一下我的《法华经》研究进路。与般若经典类和《华严经》不同，关于《法华经》在文献学上附加和增广的情况，除了《提婆达多品》的插入问题[③]以外，都没有得到确认。再者，“被认为是早期产生的部分”也没有独立流通过的证据。因此，必须要慎重对待这种方法——假设存在着“原法华经”和“本来的法华经”，再以此为基准，轻易断定现行《法华经》

---

① 苅谷定彦:《法華経——仏乗の思想》，東方出版社，1983年。而且苅谷在最近的研究中说，本来的《法华经》是由“《序品》到《如来神力品》”的12品（章）构成，尤其是《法师品》以后的部分就是本论，参见氏著《法華経〈仏滅後〉の思想》特别是599页以后，東方出版社，2009年。

② 勝呂信靜:《法華経の成立と思想》，大東出版社，1993年。

③ 详细研究见塚本啓祥:“提婆品の成立と背景”，金倉圓照編:《法華経の成立と展開》所収，平樂寺書店，1970年。

的特定部分（偈颂·文节·品等）是“异质的、后世附加的”。[①] 应该尊重《法华经》是“佛说”这一基本事实，再进行解读。

关于《法华经》的产生时期和地域，比较合适的观点是，在公元150年之后的数年乃至数十年间，此经在西北印度的犍陀罗产生了。这是在前人研究基础上，加入井本胜幸的“农学的、医学的”视角推断出来的结论。[②] 本节最后介绍一下平冈聪的“《法华经》是佛传”的研究。[③] 他从“佛传”和“佛教故事”的视角讨论《法华经》的形成，结论是“《法华经》是在佛传的基础上构成的”，“《法华经》和说一切有部的文献关系密切”。

四、关于大乘佛教产生的新解释

何谓大乘佛教？对此问题，有多种答案。正确且简单的定义是，“大乘佛教是把新的经典（大乘经典）作为佛说而接受的佛教”。在20世纪80年代之前的日本，最权威的学术观点是，“独立于传统的部派佛教教团的其他大乘教团（在家者集团）创作了大乘经典。”然

---

① 松本史朗:《法華経思想論》，大藏出版，2010年。松本批判性地分析说，《方便品》的长行中所说的一乘思想是《法华经》的根本思想，其他地方都是异质性的。

② 井本勝幸:“法華経成立に関する私見”,《法華学報》第10号，2000年。伊藤瑞叡（2007），372页以下。

③ 平岡聡:《法華経成立の新解釈——仏伝として法華経を読み解く》，大藏出版，2012年。

而现在这种观点基本被否定了。目前公认的观点是，大乘佛教没有留下与传统教团不同的制度和礼仪，大乘经典一直流传于僧伽及其周边。另外，某部大乘经典产生了，这意味着它成为“书写下来的文本（经卷、书物：pustaka）”。[①]

阿含经典是比较短的修多罗聚集而成，阐述特定的教义（四谛、缘起、无我等）。它可以通过记忆和口头传承而长期流传。与之相比，主要的大乘经典不仅数量庞大，其构成要素也更复杂，富于故事性，是在内部发展出来的教说。支持新创作的大乘经典群体是僧伽内部的少数派。因此，大乘经典成为经卷之后，就可能开始稳定地传承了。《法华经》反复宣说“若受持此经一句一偈，功德无量”。可以说，这句经文间接表明了大乘经典存在和流传的困难状况。

首先，来看一下早期成立的“小品般若”系的《八千颂般若》(最早的汉译：《道行般若经》，179 年支娄迦谶译）。[②] 在此经第一章中，通过“无执着、不生、大乘”等来说明般若波罗蜜（prajñāpāramitā）

---

① “由于书写经典的出现，大乘经典才形成”的见解，下田正弘已在多篇论文中论之甚详。略举一例，下田正弘：“初期大乘経典のあらたな理解に向けて——大乘仏教起源考”，《智慧 / 世界 / ことば　大乘仏典 I 》シリーズ大乘仏教 4，春秋社，2013 年。

② Karashiama（2011）Seishi Karashima. *A Critical Edition of Lokakṣema's Translation of the Aṣṭasāhasrikā Prajñāpāramitā*.Tokyo:The International Research Institute for Advanced Buddhology.Wogihara（1973）*:Abhisamayālaṃkārālokā Prajñāpāramitāvyakhyā*.Ed.U. Wogihara，Tokyo，Sankibo.

这一新的教义概念。接着在后续诸品中反复宣说，“以花、香料、灯明供养写有般若波罗蜜的经卷，所获功德远胜同样供养如来佛塔所获功德、福德”。这种经卷供养，在《法华经》“法师品（X）”以后的部分也同样受到推崇。一直以来，大乘佛教研究都致力于思想解释，而提倡经卷供养以获得现世利益的经文的意义被低估了。然而如下所示，宣说经卷产生功德的部分是构成大乘经典的本质要素。其原因何在呢?

《般若经》和《法华经》把当时为止的佛教以经典的形式汇集起来，试图共同创造一个新佛教。下面简单看一下这个方面。

五、《八千颂般若》和《法华经》的共通性

《般若经》和《法华经》试图在一部经典之内包摄佛陀所有教法。两部经典的共通点可以整理如下。[①]

1. 时代认识

《八千颂般若》是因佛陀入灭，正法隐没（saddharmasyān-

① 详细内容，请参考拙论。岡田行弘:“《八千頌般若》と《法華経》の共通性——構想・教説の展開・物語をめぐって—”（Some Similarities between the *Aṣṭasāhasrikā Prajñāpāramitā* and the *Saddharmapuṇḍarīkasūtra*:In Their Conception, the Development of the Teachings and the Stories),《印度學佛教學研究》(INDOGAKU BUKKYOGAKU KENKYU) 63–2, March 2015.

tardhane）之时，代佛住世而说般若波罗蜜。[①]《法华经》的《安乐行品》和《药王品》中说，“如来灭后，五百岁中”，因此讲的是释迦佛入灭 500 年之后的事情。

2. 整体构想

《八千颂般若》把佛的一切智重新说明为 prajñāpāramitā，由此把以前的佛说重新解释并包括进来。般若波罗蜜是“诸佛觉悟之源、之母”“教法之藏”。《法华经》创造出新佛——久远佛，他提出“一切人皆可成佛”的思想。《法华经》强调受持本经，其理由在于，《法华经》能够使“现世释迦佛”出现于世。

3. Mahāyāna，Vaipulya

《八千颂般若》在接近开头的部分云：“般若波罗蜜中详细阐明了菩萨大士学习和努力的对象——佛陀的一切特性。”[②]“大乘者，无量（aprameyatā）之异名，可容无数众生。”[③]

《法华经》在《方便品》中，宣说方广经（Vaipulyasūtra）（第 50、52 偈）；在《如来神力品》中，佛就《法华经》云，“以要言

① 渡辺章悟：“大乘仏教における法滅と授記の役割——般若経を中心として”，《大乗仏教の誕生》シリーズ大乗仏教 2，春秋社，2011 年，第 89 页。

② Wogihara（1973）43，Karashiama（2011）6.

③ Wogihara（1973）94，Karashiama（2011）26.

之，如来一切所有之法、如来一切自在神力、如来一切秘要之藏、如来一切甚深之事，皆于此经宣示显说。”（KN 本，391 页；大正九，52a）

通过 Mahāyāna 和 Vaipulya 的表现，两部经典都试图在经典内包含佛教世界中所有的活动和实践。

4. 经卷的供养崇拜和现世利益

两部经典都鼓励供养书写下来的经典，强调通过供养经典而获得广大的功德。般若波罗蜜在第三品被当成了发挥除灾威力的“大明咒”（mahāvidyā）。作为信仰、崇拜的对象，经卷被赋予了替代佛塔（佛的遗骨）地位。在《法华经·如来寿量品》中，确立了“在此说法之佛”，后续三品中，就详细地宣说了现世利益等。宣说功德成为经典的本质要素。

5. 授记和两个阶段的付嘱

在《八千颂般若》中，发誓“追求般若波罗蜜”的菩萨被授记，阿难则被付嘱了般若波罗蜜。在常啼（Sadāprarudita）菩萨故事之后，整部经典在形式上被付嘱给了阿难。

在《法华经》中，在对地涌菩萨，即所谓迹门菩萨的付嘱之前，久远佛在《神力品》中先付嘱了《法华经》。两部经典的共通之处是，都把核心教法（般若波罗蜜乃至创造久远佛的法门）的流通委托给了菩萨。当然，他们是不同的菩萨，这体现了各自经典的本质。第一阶段的付嘱，在结尾之前的某章已经存在了。

6. 故事

初期大乘经典中，出现了与其教说紧密结合的菩萨的故事。(《无量寿经》中的法藏菩萨、《华严经》中的善财童子)《八千颂般若》中的常啼菩萨即使牺牲自己的身体，也要追求般若波罗蜜。他是《般若经》中理想的菩萨形象。这一形象，被《法华经》所继承，就是表现出究极菩萨行的常不轻（Sadāparibhūta）菩萨，而宣扬激烈的布施行为的情节则出现在药王菩萨的本生故事中。

7. 对经典反对者的批判

在《八千颂般若》的第七章“地狱”中，严厉谴责了诽谤般若波罗蜜的人。《法华经》对经典诽谤者的严厉谴责，表现在第三章“譬喻”的偈文中（113—137）。这种对敌对者的谴责，是对不理解经典和批判经典非佛说的应答。由于经典的作者把“般若波罗蜜”和《法华经》看作“信仰的对象等同于佛”，所以对此的批判，就被看成了对佛教全体的诽谤。

如上所示，《法华经》的编纂者熟知“小品般若”的构想和内容。在此之上，在宣扬他方世界诸佛的经典不断产生的时代，这些编纂者们为入灭的释迦佛重新赋予生命，创造出了“综合众生成佛一切教法的经典”——《法华经》。

六、《法华经》的构成和思想

一言以蔽之,《法华经》的主题就是“一切人皆可成佛”。佛教是“佛之教”,但也可以理解为“成佛之教”。《法华经》的出发点,就是“佛教即成佛之教”的佛教观。不言而喻,“汝可成佛”这句话,只有出自佛口之时才有效,才是真实之教。因而,在释迦佛入灭后,就必须要有保证众生成佛的新佛。《法华经》就是基于这种基本构想而形成的。也就是说,佛因《法华经》而出现于世,在释迦佛不在的世界中,《法华经》就是佛(将佛之言教传给众生)。

当然,佛的言教(buddhavacana)必须通过传统经典的形式表达出来。《法华经》就是在佛和言教的关系基础上,依照经典的形式而构成的。[①]

《序品第 1》

这里宣说《法华经》的佛是世尊,经文以此前提而展开。可是《法华经》的听众对于佛陀入灭及其后佛教的发展,早已有所了解。

① 岡田行弘:“法華経の誕生と展開”,《智慧 / 世界 / ことば　大乗仏典 I 》シリーズ大乗仏教 4,春秋社,2014 年。

所以释迦佛不能直接说法。因此，文殊菩萨叙述了过去世的日月灯明佛入灭时的事，并忠实引用了其入灭时的遗言，“不可放逸，须精进我法”，另外还说“彼如来遗骨被分配后，建立了无数窣睹婆”。就这样，经文通过过去的故事，表明了现在的状况。

《方便品第2》

开头的长行是非常重要的经文，世尊在此界定了佛是什么样的存在。佛解释自己的经文极其少见，此文的要点是“如来知见，甚难知晓，如来具足一切能力而说教”。《方便品》的核心教义是“一切人皆可成佛”，它首先必须被周围的佛教者接受。然而，现实僧伽中的比丘（出家修行者）遵循着传统的声闻修行法，以期成就阿罗汉。如果突然对他们说成佛之法，这会被认为是无视佛教的传统而遭到拒绝。因此，佛对号称智慧第一的舍利弗，有如下说法：

①为使众生理解佛之知见，成就佛道，佛出现于此世。过去、未来、现在的十方世界诸佛，只说一乘法，即通向佛之智慧的一佛乘。

②我说九分教（佛说的传统形式），更说方广经（《法华经》），引导众生至菩提。

③释迦佛回想了至今为止的生涯，认为现在正是依据《法华经》，宣说阿罗汉亦可成佛的时候。

从《譬喻品第3》到《授学无学人记品第9》

即使揭示了一佛乘的理想，声闻比丘们仍对自己的立场抱有疑问。佛的解决办法，是保证和预言“声闻在未来世也可成佛”，也就是授记。最早理解一佛乘的舍利弗，在第3品的前半部分被授记。之后各品，根据弟子们的慧根能力，佛分别通过比喻故事和过去因缘来说明一佛乘之法。理解此法的声闻依次获得授记。

《法师品第10》

本品之后，《法华经》主要面向没有释迦佛的时代的听众，也就是当下的我们。佛对药王菩萨预言说：“如来入灭之后，若有人听闻《法华经》一句一偈，随喜赞叹，即可获得最高菩提。”

总之，《法华经》在佛灭后承担起了代佛授记的责任。

《见宝塔品第11》

此品通过过去佛多宝如来证明了释迦佛的正当性，因此在时间上，宣说《法华经》的诸佛都统一到了释迦佛身上。另外，经文还指出，现在十方世界的诸佛也都是释迦佛的分身，都被汇集为释迦佛。

《从地涌出品第15》

地涌菩萨是被宣说《法华经》的佛所教化了的菩萨。在《方便品》的开头处，佛发表宣言说：“自己说法引导众生。”如此一来，如果《法华经》的佛是真佛的话，那么被此佛教化的众生（菩萨）也必须同时存在。如果没有作为教化对象的众生的存在，佛也就不会出现在《法华经》的世界里。经典产生了自己特有的纯粹的支持者、信仰者，这是《法华经》独有的特征。

《如来寿量品第 16》

佛宣告说，自己久远以来已经成佛，寿命无量，而且“佛常说法教化众生，信佛之人，即见佛身”。也就是说，《法华经》认为佛是实际存在的佛。另外，此品说明了佛为何入灭的意义，总而言之，是“方便示现涅槃，实不灭度”。佛为了唤醒众生切盼如来之心，利用了巧妙的方法（即示现涅槃）。

《分别功德品第 17》等

此品接续“寿量”，主题是三大功德。经文说，从受持《法华经》为首的修行中，可以派生绝大功德。这种表明功德的经文，是综合经典必不可少的要素。

《常不轻菩萨品第 20》

常不轻菩萨在过去世，对人们呼吁赞叹说：“我不敢轻于汝等，汝等皆当作佛。”常不轻菩萨此言，实际上等于佛授记之言。常不轻菩萨的故事，是倡导一切人皆可成佛的释迦佛的过去世的修行，而且只可能是释迦佛过去世的修行。

《如来神力品第21》

佛将《法华经》的流通付嘱给地涌菩萨。本品也可以说是《法华经》的结论，非常重要。首先，《法华经》是综合了佛的所有方面的经典（既出）。接下来，佛云：

> 所在国土，若有受持、读、诵、解说、书写、如说修行，若经卷所住之处，若于园中、若于林中、若于树下、若于僧坊、若白衣舍、若在殿堂、若山谷旷野，是中皆应起塔供养。所以者何？当知是处、即是道场，诸佛于此得阿耨多罗三藐三菩提，诸佛于此转于法轮，诸佛于此而般涅槃。（KN本，391页；大正9，52a）

《法华经》对到《如来神力品》为止的教说展开过程，对佛的生涯中的重要事迹，即上述经文中的成道、转法轮、般涅槃的意义作了重新评价，并从《法华经》的立场作了重新建构（如《如来寿量品》中对入灭的解释）。修行《法华经》的场所，就是佛展开活动的道场。佛在这种场所现身说法，《法华经》就发挥了曾经存在的佛的作用，这种场所就会超越空间、时间的制约，成为佛教圣地。

卷末6品——《从药王菩萨本事品第23》到《普贤菩萨劝发品第28》

在以当时的西北印度为中心的地域，盛行着各种信仰，如传统的佛塔信仰，对观音菩萨、普贤菩萨等的菩萨信仰，对东方和西方世界诸佛的信仰，还有例如佛教之外的土著信仰（如鬼子母神）。《法华经》积极评价了这些各种各样的信仰，并将它们定位于《法华经》实践的诸形态。

此处各品反复宣说，通过受持经典获得功德，可以除灾得福。实践上的特征是现一切色身三昧，这是变现各种姿态宣说《法华经》的三昧。陀罗尼咒语被收进经典之中，《法华经》是最早的例子。关于来世的果报，《药王品》中说通过本品的功德可以往生无量寿如来的极乐世界，《普贤品》中说通过书写等修行，可以得生忉利天以及弥勒菩萨的住处兜率天。

如上所示，卷末6品把当时关于佛教的各种各样的要素和活动统一起来，形成了综合性的经文。在这个意义上，可以说《法华经》是综合经典。

七、结论——作为综合经典的《法华经》

公元前后，在印度的佛教世界中，开始了新经典的创作活动。

这场活动带来佛教形态的巨大变革和转换。也就是说，出现了全面皈依一部综合经典并以实践其教说为中心活动的组织。

《法华经》在《如来神力品》中把经典的流通委托给地涌菩萨。这点非常特别。在其他大乘经典中，一般是付嘱给佛弟子的代表阿难等。可是在《法华经》中，把经付嘱给经文中间登场的特定的菩萨。这说明当时出现了专门支持《法华经》的教团。在这个教团里，出家和在家的传统区别也已消失。

在印度佛教史上，《法华经》获得了特定的评价——宣说一乘思想的经典。然而，戒律规定的僧伽中的修行方法俨然继续存在着，没有大的变化。

但另一方面，《法华经》传播到了和印度具有完全不同特质的风土和生活习惯的文化圈中，即印度佛教律藏不适用的地区——中国和日本，它被人们广泛接受，成为宗派依据的经典。究其原因，在于《法华经》具有单独展开佛教所有层面内涵的力量，包括从成佛这一最重要的教理产生的具体的实践，以致经典可以产生的功德。

附表:《法华经》品名一览

下表以《妙法莲华经》姚秦（406）鸠摩罗什译的排列为基准，根据内容分为三组。“说者”和“听者”是指主要人物，并不严密。

Saddharmapuṇḍarīka	妙法莲华经	说者	听者	分类
1. nidāna	1. 序品	文殊	大众、弥勒	第 1 类 以声闻为主人公，佛在世的时代 （主题：授记）
2. upāyakauśalya	2. 方便品	佛	舍利弗	
3. aupamya	3. 譬喻品	佛	舍利弗	
4. adhimukti	4. 信解品	四大声闻	佛	
5. oṣadhī	5. 药草喻品	佛	大迦叶等	
6. vyākaraṇa	6. 授记品	佛	比丘众	
7. pūrvayoga	7. 化成喻品	佛	比丘众	
8. pañcabhikṣuśatavyākaraṇa	8. 五百弟子受记品	佛	比丘众	
9.dvābhyāṃ bhikṣusahasrābhyāṃ vyākaraṇa	9. 授学无学人记品	佛	阿难等	
10. dharmabhāṇaka	10. 法师品	佛	药王菩萨等	第 2 类 以菩萨为主人公，佛灭后的时代 （主题：《法华经》的受持和付嘱）
11. stūpasaṃdarśana	11. 见宝塔品 12. 提婆达多品	佛 佛等	大乐说等 大众	
12. utsāha	13. 劝持品	佛、菩萨	比丘尼、佛	
13. sukhavihāra	14. 安乐行品	佛	文殊	
14.bodhisattvapṛthivīvivara–samudgama	15. 从地涌出品	佛弥勒	大众	

Saddharmapuṇḍarīka	妙法莲华经	说者	听者	分类
15.tathāgatāy uṣpramāṇa	16. 如来寿量品	久远佛	大众	
16.puṇyaparyāya	17. 分别功德品	佛	弥勒	
17.anumodan āpuṇyanirdeśa	18. 随喜功德品	佛	弥勒	
18.dharmabh āṇakānuśaṃsā	19. 法师功德品	佛	常精进	
19.sadāparibhūta	20. 常不轻菩萨品	佛	得大势	
20.tathātardd yabhisaṃskāra	21. 如来神力品	佛	地涌菩萨	
21.anuparīdanā	22. 嘱累品	佛	大众	
22.bhaiṣajyar ājapūrvayoga	23. 药王菩萨本事品	佛	宿王华	第3类 《法华经》世界的扩大 卷末六品
23.gadgadasvara	24. 妙音菩萨品	佛	华德等	
24.avalokiteś varavikuvaṇa nirdeśa	25. 观世音菩萨普门品	佛	无尽意	
25.dhāraṇī	26. 陀罗尼品	药王等	佛	
26.śubhavyūh arājapūrvayoga	27. 妙庄严王本事品	佛	大众	
27.samantabh adrotsāhana	28. 普贤菩萨劝发品	佛、普贤	佛、普贤	

（史经鹏 译）

南北朝《法华经》注疏体例之演变

北京大学教授　李四龙

《法华经》在南北朝佛教具有举足轻重的地位，各家注疏很多。本文重点围绕天台智顗的“五章四释”，拟对当时的注疏体例做出简单的梳理。在智顗的名著《法华玄义》里，大部分篇幅是在解释“妙法莲花经”五字，他批评以往的《法华经》解读，在列举了道场寺慧观、会稽法华寺慧基、北地师、光宅寺法云四家旧解以后，重点驳斥光宅法云的法华经解，提出自己的观点。

智顗说：“旧解甚多，略出四家。道场观云：应物说三,三非真实。终归其一，谓之无上。无上故妙也。引经云：是乘微妙，清净第一。于诸世间为无有上。又云：寄言谈于象外，而其体绝精粗。所以称妙。又引经：是法不可示，言辞相寂灭。会稽基云：妙者，表同之称也。昔三因异趣三果殊别，不得称妙。北地师云：理则非三,三教为粗。非三之旨为妙。此意同而辞弱。光宅云云：妙者，一乘因果法也。待昔因果各有三粗，今教因果各有三妙。”①

现存最早的《法华经》汉译本，是西晋竺法护译《正法华经》，译于公元286年（太康七年）。在东晋末年的罗什译本里，“正法”被译为“妙法”，译于公元406年（弘始八年）。智顗在此基础上，尤其留意“妙”字的特殊内涵，佛教史上有所谓“九旬谈妙”的佳话。《法华玄义》此处所讲的四家“旧解”，其实都是针对“妙”字或“妙法”的理解。南北朝时期，解释《法华经》的风气很兴盛。智顗仅列其中四家，实则有其代表性。本文亦藉此梳理其中的理论焦点及解经体例的变化。

一、慧观与道生

罗什重译《法华经》以后，如何解读该经的重要性，即便在他的弟子中间亦有疑惑。智顗提到的慧观，在罗什弟子中堪称“翘楚”。罗什门下有四位弟子最受推崇，“通情则生（道生）、融（道融）上首，精难则观（慧观）、肇（僧肇）第一。”对佛学思想之精微的把握，慧观被认为堪与《肇论》的作者比肩。他曾撰有《法华宗要序》，深得罗什的嘉许，后回南京，住道场寺。而在佛教史上，他最大的功绩是提出“顿渐二教五时”的判教理论，对后世的影响极大。

---

① 智顗:《法华玄义》卷一下“别解五章”。

智顗所引的慧观的说法，出自《法华宗要序》，相关的原文如下：

> 夫本际冥湛，则神根凝一。涉动离淳，则精粗异陈。于是心辔竞策，尘想诤驰。翳有浅深，则昏明殊镜。是以从初得佛，暨于此经，始应物开津故。三乘别流非真，则终期有会。会必同源故，其乘唯一。唯一无上故，谓之妙法。颂曰：是乘微妙，清净第一。于诸世间，最无有上。夫妙不可明，必拟之有像。像之美者，莲华为上。莲华之秀，分陀利为最。妙方法而为言，故喻之分陀利。其为经也明。发朦不可以语极，释权应之所由。御终不可以秘深，则开实以显宗致。权应既彰，则局心自发。宗致既显，则真悟自生。故能令万流合注，三乘同往。同往之三会而为一，乘之始也。觉慧成满，乘之盛也。灭景澄神，乘之终也。虽以万法为乘，然统之有主。举其宗要，则慧收其名。故经以真慧为体，妙一为称。是以释迦玄音始发，赞佛智甚深。多宝称善，叹平等大慧。颂曰：为说佛慧故，诸佛出世间。唯此一事实，余二则非真。然则佛慧乃一之正实，乘之体成。妙之至足，华之开秀者也。虽寄华宣微，而道玄像表。称之曰妙，而体绝精粗。颂曰：是法不可示，言辞相寂灭。二乘所以息虑，补处所以绝尘。唯佛与佛乃能究焉。故恒沙如来，感希声以云萃。已逝之圣，振余灵而

现证。信佛法之奥区，穷神之妙境。其此经之谓乎？观少习归一之言，长味会通之要。然缅思愈勤，而幽旨弥潜。

对比智顗的引文与慧观的原文，不难发现智顗的引文多半是概述性的间接引用。在慧观的原文，我们还能发现一对概念，“权应”与“开实”，对后世的《法华经》诠释意义重大，到了智顗那里通常被概括为“开权显实”。其次，这篇序文还提到“以真慧为体，妙一为称”。在东晋末年、南北朝的佛教论著里，主要是寻绎佛经的宗要、宗致或宗极。慧观在此同时提及《法华经》的体与宗，在智顗后来的五重玄义里得以突显，但被赋予不同的意义。智顗以实相为《法华经》的“体”，以“行”为《法华经》的“宗”。

慧观认为《法华经》“究畅一乘”，其特点是三乘“归一”“会通”，但在他的思想里，会三归一，只是“乘之始也”，还不是最高境界。因此，在慧观的五时判教里，《法华经》被称为“同归教”，位列第四，他更推崇《涅槃经》，谓之第五时的常住教[①]。总体而言，在罗什及其弟子的时代，中国僧人并不把《法华经》放在最高的位置。一般认为，《般若经》明空荡有，属于大乘初级，《涅槃经》属于佛陀临终之言，说明佛性、如来藏、法身常住的思想，而《法华经》间乎两者之间，并不讨论佛性思想。僧叡所写的《喻疑》，虽有沟通

---

① 参见吉藏《三论玄义》的记载。慧观五时教是指：一、三乘别教（四谛、十二因缘、六度）。二、三乘通教（指般若经典）。三、抑扬教（指《维摩诘经》等回小向大的经典）。四、同归教。五、常住教。

《法华》与《般若》的意思，但也没有视之为高于《涅槃经》[①]。

不过，在竺道生（355—434）的判教论里，《法华经》与《涅槃经》被归在同一个阶段，所谓“无余法轮”。事实上，竺道生撰有《法华经疏》，他对《法华经》有过很深的研究，同时还被视为“孤明先发”的“涅槃圣”。他在这部注释里把释迦牟尼一生说法分为“四种法轮”：善净法轮、方便法轮、真实法轮与无余法轮，分别对应《阿含》《般若》《法华》与《涅槃》，把《涅槃》放在最高的位置上。[②]他把《法华》与《涅槃》放在不同的层次上，这在南北朝时期是很流行的判释。和慧观的判教一样，能把《法华经》单列一个阶段，这已经表现出对《法华经》的高度重视，为后来智顗将《法华》与《涅槃》归在同一阶段埋下了伏笔[③]。在智顗判教所列的四家旧解里，并没有提到竺道生。这并不意味竺道生的《法华经疏》不重要，而是其中的很多思想被法云的《法华义记》所吸收了。竺道生在他的《法华经疏》里，以大乘为《法华经》之宗旨，认为《法华》以三因（声闻、缘觉、菩萨三乘之因行）为一因（一佛乘之因行），以三果为一果。在他笔下的“大乘”，是指“平等大慧”，“始于一善，

① 参见蓝日昌《六朝判教论的发展与演变》，第三章“判教论净的肇始”。

② “凡说四种法轮：一者善净法轮，谓始说一善，乃至四空，令去三涂之秽，故谓之净。二者方便法轮，谓以无漏道品，得二涅槃，谓之方便。三者真实法轮，谓破三之伪，成一之美，谓之真实。四者无余法轮，斯则会归之谈，乃说常住妙旨，谓无余也。”载竺道生《法华经疏》卷上。

③ 智顗终其一生，虽未留下《涅槃经》的讲稿，但在灌顶的著作里，《涅槃经》的玄义与注疏是极重要的部分。

终乎极慧”，“理无异趣，同归一极”。竺道生以“因果”概括《法华经》的主体内容，这种做法，被后世的《法华》学者所继承，一直到智顗才以“本迹”替代“因果”，并以“实相”作为《法华》的根本。

在智顗的判教体系里，他对罗什、僧肇一系的思想并不推崇，谓之“肇什多附通意”（《法华玄义》卷一下）。尽管如此，智顗几乎完全采用中观的方法讲经，他的核心思想，诸如“一心三观”“三谛圆融”，完全得益于龙树《中论》的“三是偈”。他对《法华经》的思想诠释及其经典地位，亦是受到慧观与道生等这些罗什弟子们的影响，最终把《法华》与《涅槃》合为同一个阶段，即第五时，并称“圆教”。

二、慧基与法云

智顗提到的第二家旧解属于会稽的慧基（412—496），在《梁高僧传》卷八作“齐山阴法华山释慧基”，吴国钱塘人，早年曾在南京游学，后到会稽，入住山阴法华寺。据说，他还曾梦见普贤，在会稽龟山的宝林精舍造普贤像及六牙白象，撰有《法华义疏》三卷。这位法师当时“被德三吴”，“敕为僧主”，是“东土僧正之始”[1]。依

① 僧官之始，并不始于慧基，而在姚秦或北魏初期。不过，《高僧传》以南朝为正统，忽视北朝的发展。

据僧传，慧基的《法华经》学习经历，源自于他在南京的求学时期。

南朝的佛教中心，南京之外便数会稽最为兴盛。到南朝末期、隋代，吉藏在会稽嘉祥寺大兴《法华》，除受天台智顗的影响，应与慧观的开拓也有关系。不过，慧基的《法华义疏》现已不得其详。智顗的引文说："妙者，表同之称也。昔三因异趣三果殊别，不得称妙。"智顗还说，"北地师"[①]主张"理则非三，三教为粗，非三之旨为妙"。认为这与慧基的说法基本一致。慧基以"因果"对比三教与一佛乘之间的关系，这对后来的《法华经》诠释影响很大。梁代法云（467—529）的解经，即依此义。在法云看来，《法华经》之妙，即在"一乘因果法"。他说：

> 昔因果粗者，因体狭因位下因用短。声闻修四谛，支佛修十二因缘，菩萨修六度。三因差别不得相收，因体是狭。昔第九无碍道中行，名菩萨伏道不断。未出三界，故名位下。第九无碍止伏四住不伏无明，故言用短……昔果粗者，体狭位下用短。有余无余众德不备，故言体狭。位在化城不出变易，故言位下。第九解脱止除四住不破无明，又八十年寿前不过恒沙，后不倍上数，故名用短。
>
> （《法华玄义》卷一下）

① "北地师"究竟何指，并不明确。此处很可能是指北方译传世亲《法华经论》的僧人。现存菩提流支、勒那摩提的两个《法华经论》译本，这两位译者的弟子现在常被称为"地论师"，但在地论师中间，《法华经》普遍不受重视。

相对以前的声闻、缘觉与菩萨乘三教,《法华经》所讲的一乘法,因、果俱属“体广位高用长”。他说:

> 今因体广位高用长者,会三为一收束万善,故言体广。不止界内无碍道中行,出于界外行菩萨道,故言位高。无碍伏惑不止四住,进伏无明,故用长……今果三义妙者,体广位高用长。体备万德,众善普会,故言体广。位至宝所,故言位高,断五住惑,神通延寿,利益众生,故言用长……即是一乘因果之法妙也。(同上)

法云,在佛教史上以成实论师著称,但在《法华经》的研究史上确实是重要人物。据《法华经传记》卷二,他年幼时就已熟习《法华》,常有瑞应。后来甚至还应梁武帝之请求雨,曾梦文殊讲经。法云撰有《法华义记》(亦称《法华义疏》),智顗的上述引文即出该书卷一。在他看来,《法华》一乘妙法,“因绝众粗之名,果极唯精之极。”然而,智顗对他这种以“因果”论“妙”的说法给予坚决的否定,“彼作因果六种以判粗妙,又以四一专判妙。今难其粗皆备四一,则昔粗非粗。难其妙全无四一,则今妙非妙。”(同上)

所谓“四一”,是指:行一、教一、人一、理一,也就是“行、教、人、理”在诸教之间或《法华》内部的一致性或一贯性。如果从这四个方面来看,《法华经》以前的佛典未必是粗,而《法华经》

也未必是妙[①]。在智顗看来，法云所讲的“今昔”，并不能简单地从时间的角度理解,《法华经》之前的佛典也可以因果体广、位高、用长。因此，“将今（《法华经》）望昔，昔还是妙”。理解《法华经》所讲的“妙法”，就要打破这种时间上的分别，而要立足于内容上的融会贯通，以“藏通别圆”四教的相互比较去理解。

“妙法”在智顗的笔下，被表现为“圆教”，以“圆”释“妙”。譬如，灌顶在《摩诃止观缘起》里说，什么是圆顿？“闻圆法，起圆信，立圆行，住圆位，以圆功德而自庄严，以圆力用建立众生”。妙法依旧可以是不了义，而圆教则是属于了义。智顗突破了“因果”在时间层面上的内涵，而是从超越时间的实相或本体入手，对《法华经》做出全新的科判与诠释，最终形成中国佛教史上影响深远的解经体例：“五章四释”。

三、智顗的因果六义

中国的大乘佛教普遍提倡“顿悟”，即是对时间的化解或消除。然而，在此“去时间化”的过程中，众生的度化成为佛教修行的终极标准，这并不仅仅是个体的修行，更需要对他人的教化或布施。在智顗看来，《法华经》的根本是“诸法实相”，“自行”“化他”成

① 智顗对此的批驳，内容繁复，详见《法华玄义》卷一下的结束部分。

了一对很重要的概念，由此生发出“权实”“本迹”这两组概念，进而构建智顗自己的“因果六义”。

智顗以“实相”为《法华》之体，特别重视《法华经》所讲的“唯佛与佛乃能究竟诸法实相”，以及经文随后所说的“十如是”。在他看来，《法华经》讲述实相之体是权实并用，完全随顺众生的因缘。他说：

> 今（《法华》）言实相体，即权而实，离断无谤也；即实而权，离建立谤也。权实即非权实，离异谤也。双照权实遍一切处，离尽谤也。（《法华玄义》卷一上）

《法华经》的权实关系，在智顗的诠释里，一则是指“开权显实”，佛陀给三乘说方便法，旨在引导三乘走向一佛乘，二则是指“发迹显本”，八相成道的释迦牟尼仅是垂迹，其根本久已成佛，已度无量众生，以地涌菩萨护持《法华经》为证。如何处理自己修行与度化众生的关系？释迦牟尼在《法华经》里已经给出了答案，所以，灌顶在整理智顗的《法华经》讲稿时就说：“今经体者，体化他之权实即是自行之权实，如垢衣内身实是长者；体自行化他之权实，即是自行之权实，如衣内系珠即无价宝也；自行之权即自行之实，如一切世间治生产业，皆与实相不相违背。”（《法华玄义》卷一上）也就是说，自己平常的修行是趣向成佛的修行，度化众生亦是成佛的修行，自行、化他不一不异，皆是实相（空相、无我相）的示现。在这样的思路中，释迦牟尼在《法华经》里就有“本门”与“迹门”

的差别，声闻、缘觉、菩萨乘，乃至一佛乘的因果关系，都不过是实相的迹象，各有自己在时间层面上的因果关系，却忽略了他们在整体上、根本上的一致性。

因此，在智顗看来，《法华经》的根本宗旨是“佛自行因果”。他说：“诸经明佛往昔所行因果，悉皆被拂，咸是方便，非今经之宗要。取意为言，因穷久远之实修，果穷久远之实证。如此之因竖高七种方便，横包十法界法。初修此实相之行，名为佛因；道场所得，名为佛果。但可以智知，不可以言具。”（《法华玄义》卷一上）在他批驳了法云的“因果六义”以后，智顗还进一步提出自己的“因果六义”：

因具三义者，一法界具九法界，名体广；九法界即佛法界，名位高；十法界即空即假即中，名用长。即一而论三，即三而论一，非各异亦非横亦非一，故称妙也。果体具三义者，体遍一切处，名体广；久已成佛，久远久远，名位高；从本垂迹，过现未来三世益物，名用长。是为因果六义。（《法华玄义》卷一上）

智顗在此说明的“因果六义”，实际上已经打破了体之广狭、位之高下、用之长短，而是达到了“十界互具”“本迹不二”的境界，完全摆脱了时间上相续或断裂、转变的因果关系。

在智顗的眼里，法云的《法华义记》是当时最为重要的一部经疏：“古今诸释，以光宅为长……今先难光宅，余者望风。”法云讲经的核心是他的“因果六义”以及由此而起的科判结构。法云认为，《法华经》的正文部分，可以分成前后两段：从《方便品》到《安乐行品》前半部分，属于“开三显一，以明因义”，说明成佛之因；从《安乐行品》后半部分到《分别功德品》的前十九行偈，属于“开近显远，以明果义”[①]，说明真正的成佛之果。在此之前为序分，在此之后为流通分。法云的这种科判，以成佛的因果为主线。对此，智顗基本上是全盘接受，他说，《法华经》的宗旨是“佛自行因果”。因此，智顗在讲经时保留了这样一种三分的科判。不过，智顗在此基础上进一步提出“本迹二经”的分法：从《序品》至《安乐行品》，为迹门；从《从地涌出品》到经末，为本门。本、迹二门，各有序、正、流通三分。如此一来，一部《法华经》也就成了“本迹二经”。

从传统的三分法，发展到智顗的“二经六分”，这是南北朝《法华经》解经的重大变化。一方面，这种解法保留了以“成佛因果”为《法华经》主体的传统理解，另一方面，智顗以“本迹”代替“远近”，超越了因果关系所隐含的时间关系，使之超越了修行的层面而达到诸法实相的高度。这也在一定程度上说明了，智顗讲经为何要有“辨体”与“明宗”的区别。在我们的现实生活中，时间是我们的心分别未来与过去的产物，而且，时间的变化从来就是单向度的发展，几乎没有人说能够回到过去的场景。因果关系，就此发

① 参见菅野博史:《法华经：永远的菩萨道》，第32页。智顗《法华文句》卷一。

生于这种今昔的变化之中。时间的这种缘起空性，也就构成了因果关系的实相。只要还在时间的维度，因果的变化始终是在验证“诸行无常”。只有超越了这种时间关系，才会有恒常的成佛境界。智顗以本门与迹门的不二，示现了佛陀的实相。

从竺道生开始，以因果关系理解《法华经》，发展到智顗以本迹关系诠释《法华经》，促使智顗的讲经有了全新的思想内容与体系结构，在内容上出现了“本迹十妙”的理论体系，极大地丰富了中国佛学对佛陀境界的理解与想象，在形式上则形成了“五章四释”的解经体例，特色鲜明，影响深远。限于篇幅，本文重点介绍在此出现的解经体例。

四、智顗的五章四释

南宋时期的志磐在《佛祖统纪》里说，智顗“贯五章以解首题，分四释以消文句”“以五义释经题，四释消文句”[①]。五章，是指释名、辨体、明宗、论用、判教，是智顗解释佛经题目的方法，在《法华玄义》里运用得淋漓尽致。这种方法从总体上解说佛经的思想义理，通常也称“五重玄义”。四释，是指因缘释、约教释、本迹释、观心释，是智顗解释佛经章句的方法，缘此而成天台宗的“文句”或

① 志磐:《佛祖统纪》卷六，载《大正藏》第49册，第178页上、第186页上。

“文疏”，如《法华文句》《维摩罗诘经文疏》。所以，智顗对《法华经》的完整讲解，应该包括《玄义》与《文句》两部分。

“四释”是智顗注释经文的方法，通常也称“四意消文”。因缘释，是解释说法的机缘，既包括众生的根机，也包括说法的时机。在他看来，诸佛菩萨的讲经说法，与众生自身的机缘密切相关，彼此相互感应。约教释，或作“依教释”，是智顗从“藏通别圆”的判教理论出发解释经文。虽然他把所有的佛经分成四个层次：三藏教、通教、别教与圆教，但是，同一部佛经的经文有可能对应不同层次的佛法境界，展示佛陀应机设教的特点。本迹释，是从本门、迹门两个层面解释经文。智顗援引僧肇的观点说，“非本无以垂迹，非迹无以显本”，强调要透过文字的表象去把握经文的真实意义。智顗以“本迹”解释佛经，更多的会讲成佛的因果。而在实际的讲解中，他还会从“理事、理教、教行、体用、权实、已今”六个方面区分不同类型的本迹关系①。哲学思辨色彩很浓的“本迹释”，修行者若不能很好把握，便会反受其害，犹如穷人“日夜数他宝，自无半钱分”。因此，智顗主张，学习佛典最重要是“但观己心”。观心释，便是从

① 本迹六义，详见《法华玄义》卷七上：“本者理本，即是实相，一究竟道，迹者除诸法实相，其余种种皆名为迹；又理之与事，皆名为本，说理说事皆名教迹也；又理事之教皆名为本，禀教修行名为迹，如人依处则有行迹，寻迹得处也；又行能证体，体为本，依体起用，用为迹；又实得体用名为本，权施体用名为迹；又今日所显者为本，先来已说者为迹。”载《大正藏》第33册，第764页中。

自己的观心实践出发去印证经文。

“四释”之中，因缘释、约教释，重在疏通经文的文字相；本迹释、观心释，则是诠释经文之中的真实义、究竟义。解经的目的乃在于“辨体”“明宗”，把握佛典的思想宗旨。由于“四意消文”需要紧扣原文，对于解释者而言，毕竟是一种束缚。因此，“五重玄义”更能体现智顗的解经特色。在他讲解《法华经》时，《法华玄义》像是智顗整个《法华经》研究的序言或导读，不拘形式，汪洋恣肆，《法华文句》则是逐字逐句解释经文，相对拘谨。

释名，是智顗解经的第一章。狭义的说法是解释经题，《法华玄义》亦称《法华经题玄义》；广义的说法，可以通论理事、教行、因果等佛法名相。《法华玄义》的大部分篇幅是解释“妙法莲花经”五字，他的“正解妙法莲花”，实质上是略说、广说“妙义”。在广说时，智顗先依《华严经》“心佛及众生，是三无差别”，分别解释众生法、佛法及心法。然后再从“通别”两个层次说明“妙”的含义。通释妙义，是指相待妙与绝待妙；别释妙义，是《法华玄义》的重中之重。智顗演算了《法华经》一百二十重妙义之后，重点解说“迹门十妙”与“本门十妙”。迹门十妙是指境妙、智妙、行妙、位妙、三法妙、感应妙、神通妙、说法妙、眷属妙、功德利益妙，本门十妙是指本因妙、本果妙、本国土妙、本感应妙、本神通妙、本说法妙、本眷属妙、本涅槃妙、本寿命妙、本利益妙。这部分内容，占了《法华玄义》的绝大部分篇幅。该书共十卷，“释名”一章是从卷一下的中间到卷八上的中间，自卷八上中间至结束，则包括“辨体”“明宗”“论用”和“释教相”四大章。

辨体、明宗，是智顗解经的第二、三章。“正显经体，直辨真性”（《法华玄义》卷八上），是想说明经文的主体、实质。在他看来，《法华经》是以诸法实相为体。宗是宗致、宗要，被认为是“修行之喉衿，显体之要蹊，如梁柱持屋、结网纲维，提维则目动，梁安则桷存”（《法华玄义》卷九下），也就是佛经的脉络、归趣，重在修行实践。在他看来，《法华经》以佛自行因果为宗。

论用、判教，是智顗解经的第四、五章。用是力用，佛经的胜用，展示“如来之妙能”（《法华玄义》卷九下），他认为，《法华经》以“断疑生信”为用。判释教相，是比较佛陀所说的各种经教，研详去取。这种比较的结果，则是确立《法华经》至高无上的圆教地位。“五重玄义”起到了注释经文的导论作用，所谓“开题”，智顗以此方式解读各部佛经。

现在保留下来的讲经文字，智顗对每部佛经都有五重玄义的概括。譬如，《维摩诘经》是他晚年最花精力的一部佛典，亦以五章诠释：以不思议人法为名，以一真性解脱为体，以佛国因果为宗，以权实析伏摄受为用，以带偏显圆为教相。名、体、宗、用、教，这套解经体例遂成智顗发挥自己佛学思想的重要形式。

小结　五重玄义的影响

在《法华经》的罗什译本出现以后，从罗什弟子的注经，到智顗的《法华玄义》与《法华文句》，对《法华经》的解读，在南北朝发生了许多变化：理论焦点从以“真慧”为体变为以“实相”为体，从以“因果”为重点转到以“本迹”为主轴，最终形成智顗“五章四释”的解经体例。尤其是五重玄义出现以后，逐渐成了中国佛教徒解读佛经的常用模式。

与智顗几乎是同时代的吉藏，对《法华经》研究很多，留下《法华义疏》（十二卷）[①]、《法华统略》（六卷）、《法华游意》（一卷）、《法华论疏》（三卷）、《法华玄论》（十卷）等多部著作。其解经体例常与五重玄义相通，譬如，《法华玄论》开篇即讲，“玄义有六重：一弘经方法，二大意，三释名，四立宗，五决疑，六随文释义。”显然，吉藏是把“开题”与“释文”合在一起了。而在吉藏其他的解经著述里，这种现象也很常见。譬如，《涅槃经游意》里，解经体例

① 在南北朝还有多位僧人撰有《法华义疏》，与此同名。主要包括：竺法崇著《法华义疏》四卷（见《高僧传》）；释昙影在罗什译出《法华经》后，著《法华义疏》四卷。在吉藏的撰述里，还有“经疏”与“论疏”的差别。“义疏”与“义记”颇相似，通常都是讲经的记录。譬如，南朝讲授《涅槃经》成风，宝林、慧静、僧锐、法瑶等各制“义疏”。萧衍自讲此经，制成《涅槃讲疏》，令光宅法云宣讲立制。慧远著《涅槃义记》十卷。当时还出现了“玄义”“玄论”这样的说法，主要侧重于开题、大意。现在我们还需要进一步弄清楚，哪些是梳理《法华经》思想大意的著作，哪些是当时讲解《法华经》思想内容的讲记。

与五重玄义几乎如出一辙。他说：“今于此经初且为六段：一大意，二宗旨，三释名，四辨体，五明用，六料简。”这个解经体例，甚至还被沿用到佛教概念的释义上。譬如，吉藏在《大品游意》里说：“般若义有五重：第一释名，第二辨宗，第三会教，第四明缘起，第五出部傥也……第二辨宗体有五重：第一明体，第二明宗，第三简因果，第四明长短，第五辨远近。”

越到后来，这种体例的影响越大。譬如，元晓撰写《法华宗要》，虽然将《法华经》判为“不了义”，但其解经的体例，不过是智顗解法的综合。元晓说，“将欲解释此经，略开六门分别。”所谓“六门”，即指：述大意、辨经宗、明诠用、释题名、显教摄、消文义[①]。这是五重玄义与随文释义的拼接，把智顗的辨体、明宗合为“辨经宗”，增加“述大意”这一部分。

元晓此文，恰好证明了天台智顗思想跨越宗派的影响力，说明智顗的解经体例，是中国佛教史上一件特别重要的大事。考察南北朝《法华经》解经体例的演变，能加深我们对中国佛教自身创造力的认识。

① 与此类似，窥基《法华玄赞》亦分六门：叙经缘起，明宗旨，明经品得名，明品废立，彰品次第，释经本文。并说，“一乘之义是经宗”，以五门分别：出体性，释名字，明说意，彰差别，问答辨。

吉藏对《法华经》和《华严经》的比较研究

日本创价大学教授　菅野博史

一、序

吉藏的判教思想的特征之一，是主张一切大乘经典皆平等地彰显佛教的真理。如吉藏在《法华玄论》卷第二云："诸大乘经显道，乃当无异"（大正三四,三七八下），《法华义疏》卷第五云，"诸大乘经显道无二"（同前，五一八下）[①]。如果我们把吉藏这一经典观概括为"诸大乘经显道无异"，那么，它与慧观（生卒年不详）的顿渐五

① 另外,《法华玄论》卷三："众经显道无异而作异名说之。如《大品》作波若之名，不作一乘及佛性之目。《法华》作一乘之名、不作波若佛性之称。乃至《涅槃》亦然。"（《大正藏》第34册，第388页中—下）《法华义疏》卷第四"大乘显道义同"（同前501页下）、《净名玄论》卷第五"诸大乘经通为显道。道既无二，教岂异哉"（《大正藏》第38册，第885页上）、《中观论疏》卷第十"一切大乘经显道无二"（《大正藏》第42册，第157页中）。

时判教[①]，即主张在大乘经典之间做出价值判定的立场完全相反，而与净影寺慧远（523—592）的判教思想相类似[②]。吉藏在形成这种经典观的过程中，自然需要对特定大乘经典的具体研究，另一方面，当这种研究进行到一定程度时，要得出这种结论又需要一种直观性的洞察。一旦获得这种直观性洞察，为了佐证这种认识，就需要设法在特定经典的研究中证明大乘经典的平等性。

吉藏主要在其著作《法华义疏》中，对《法华经》和其他主要的大乘经典即《华严经》《般若经》《涅槃经》《胜鬘经》等进行了比较研究。吉藏的这种做法，无疑是对将大乘经典做出不同价值判定的慧观的顿渐五时判教的一种批判。本发表聚焦于《华严经》，考察吉藏对《法华经》与《华严经》的比较研究。在五时判教中被判为顿教的《华严经》，其地位被认为高于渐教五时的其他经典[①]，而吉藏则从各个角度对《法华经》与《华严经》进行比较分析，论证了

---

① 《三论玄义》："言五时者，昔涅槃初度江左，宋道场寺沙门慧观仍制经序，略判佛教凡有二科。一者顿教，即《华严》之流，但为菩萨具足显理。二者始从鹿苑终竟鹄林，自浅至深，谓之渐。于渐教内，开为五时。一者三乘别教，二者《般若》，通化三，谓三乘通教。三者《净名》《思益》，赞扬菩萨，抑挫声闻，谓抑扬教。四者《法华》，会彼三乘，同归一极，谓同归教。五者《涅槃》，名常住教"（《大正藏》第45册，第5页中）。

② 参见拙稿《智顗与吉藏的法华经观之比较》，北京大学东方学研究院《华林》2，2002年，第161–169页，《中国人民大学报刊复印资料·宗教》2002年第4期。

① 《法华玄论》卷一："若如南方五时之说、北方四宗之论皆云，《华严》为圆满之教，《法华》为未了之说"（《大正藏》第34册，第366页上）。

二经在本质上具有思想的同一性和价值的同一性。这种论证既是对其“诸大乘经显道无异”经典观的论证，也是对五时判教中的华严经观、法华经观的具体批判。以下，笔者将按照吉藏在《法华义疏》中对二经进行比较的顺序，依次进行考察。

二、《法华玄论》中的《法华经》与《华严经》

吉藏在《法华玄论》卷第一的“序说经意”第五条中，对《法华经》和《华严经》做了详细的比较：

> 复次欲说根本法轮，故说是经。根本法轮者，谓三世诸佛出世，为一大事因缘，即说一乘之道。但根缘未堪，故于一说三。即以一乘为本，三乘教为末。但大缘既熟堪受一乘，今欲还说根本法轮，故说此经也。
>
> （大正三四，三六六上）

在这里，吉藏虽然提到一乘为本，三乘为末，但没有使用“枝末”“摄末归本”等概念。在《法华玄论》中，提到三种法轮的地方还有一处，但那里也只是看到“根本法轮”的名称。可见，在《法华义疏》以后确立的三种法轮（根本法轮、枝末法轮、摄末归本法轮）说，其思想虽然在《法华玄论》中已经成熟（如以一乘为本，三乘为末，将世尊的化导分为一乘→三乘→一乘三个阶段等），但名称还没有确立[①]。

在对根本法轮做了解说之后，吉藏问云：

> 问：佛初成道，欲以一乘化物不得。《华严》教明初成道为诸菩萨亦说一乘。二经何异。（同前）

吉藏在这里提到了《法华经》与《华严经》的比较问题。这一问题的意义在于，如果说吉藏所主张的《法华经》与《华严经》同说一乘的说法是正确的，那么二经在思想上就是同一，如此一来，为什么还需要存在两部经典呢？对此，吉藏答云：

> 答：教异，释不同。若如南方五时之说、北土四宗之论皆云，《华严》为圆满之教，《法华》为未了之说。（同前）

即在五时四宗判教中，《法华经》与《华严经》优劣不同。吉藏在介绍过去的判教思想的同时，对其做了彻底的批判。其内容可以归结为三点。第一点即《法华经》与《华严经》同说一乘：

> 明初成道一乘化众生不得，今说《法华》，即是一乘化众生得。若言今说《法华》义犹未了者，则佛初成道，欲以一乘化物不得者，此应发始，即用不了义化物也。若佛初成道，即欲以不了义化物者，此即乖父子恩情，伤诸佛本意。若言初成道是了义化物，今说《法华》亦是不了义者，初成道可是一乘化物不得，今说《法华》，应非一乘化物得也。（同前）

① 参见拙稿《吉藏的三种法轮说》，《佛教文化研究》第一辑，第43–66页，江苏人民出版社，2015年。

即《华严经》是佛初成道时以一乘教化众生，《法华经》也是以一乘而教化。如果说《法华经》是未了义（不完全的教法）的话，那么《华严经》也是未了义，如此则佛初成道之时，就是以未了义教化众生。这违背了父子（佛与众生）的恩情，也伤害了诸佛的本怀。或者说，因为《华严经》虽以一乘教化而未有成果，所以《法华经》以非一乘教化而得成果。在吉藏看来，这都是说不通的。

第二点是对将《法华经》视为未了义的根据进行批判：

> 又问：以何义故而《法华经》义未了耶。
>
> 救曰：凡论满教，谓因圆果极。此经未明常住，故果未满。满字具明缘正二因。此经但明缘因成佛，未明正因，故因未满。
>
> 答：此经明众生有佛性，即是正因。假万行为一乘，即是缘因，故因义具足。开近迹是无常，显妙本为常住，故果义究竟。此义后当说之。故不应言此经明义犹未了也。
>
> （同前）

认为《法华经》未明正因佛性，未明佛身常住的观点，是五时判教者的法华经观[①]。吉藏通过批判五时判教者的法华经观，力图论证《法华经》也阐明了正因佛性、佛身常住之义。

---

① 《法华玄论》卷一："而人秉五时之规矩，格无方之圣化，妄谓此经犹为半字，明因未圆，辨果不足。五时既尔，四宗亦然。废五四之妄谈，明究竟之圆旨，进有称叹之福，退无诽谤之罪"（《大正藏》第 34 册，第 364 页中）。

第三点，是以佛赞《法华经》的经文为根据，对五时判教进行批判：

又佛种种因缘称叹《法华》，令人信受。若言教称半字理犹未圆者，则使闻经之徒不生崇仰，便于《法华》起轻劣心，上失光阐之福，下招误物之罪。譬喻品未为之寄心也。（同前，三六六上至中）

由以上三点理由，吉藏否定了《法华经》与《华严经》的优劣关系，进一步主张二经在思想上、价值上的同一性：

今所释者，《华严》之与《法华》同明一因一果，教满理圆，无余究竟。（同前，三六六中）

如前所述，吉藏对于五时教判批判的第一点即认为《法华经》与《华严经》同说一乘。只是这里将“一乘”改成了“一因一果”。

吉藏虽然强调了《法华经》与《华严经》之间的同一性，但仅仅如此，还不能说是对两部经典的充分比较。二经即使在思想上是同一的，但毕竟是两部不同的经典。所以只有具体指出它们之间的不同之处，这种比较才更为具体。吉藏云：“但善巧方便起缘不同。领其大要，凡十四种”（同前）。接下来，吉藏分十四条，对《法华经》与《华严经》的不同特色做了整理。对此，木村清孝已经做过简洁的整理和研究[①]。但为了此处对二经进行更为详尽

① 参见木村清孝《初期中国华严思想的研究》（1977年，春秋社）第230–236页。

的比较研究，也为了后面要论及的相关问题——《法华玄论》与《法华游意》的比较考察，在此对《法华经》与《华严经》的不同列表说明如下：

序号	《华严经》	《法华经》
①	始说一乘。	终明一乘。
②	直说一乘。始无所会，终无所开。	对三明一。始辨开一为三，终明会三归一。
③	为发始学大缘说。	为二种缘说。一者为前小后大缘说。二者为发始学大缘说也。
④	为福德大利根人说。	为薄福钝根人说。如初本学大，中途弃大留小，后还舍小从大，故名钝根也。
⑤	平道教。	初则斥夺迷执，然后方平道说也。
⑥	但迷一乘实慧。	具三一权实二慧，故开方便门，示真实相。
⑦	是舍那迹本身说。	是释迦本迹身说也。
⑧	加诸菩萨说。	如来自说。
⑨	但对菩萨说。	杂对二乘菩萨说。
⑩	竖论一乘，开五十二位。	横论一乘，不开阶级。
⑪	广迷一因一果。	略述一因一果。
⑫	净土中说。	秽土说。现塔中，虽复变土令净，而《华严》本是净土，非变而成净。《法华》秽土中说也。
⑬	七处八会说。	一处一会说。
⑭	一佛说。	分身等十方佛多宝等三世佛共说。

①除了比较了二经说时的前后外，还对二经所说教理做了比较。

②⑤⑥⑩ ⑪ 则是对二经所说教理以及对教理的表述方法进行比较。③④⑨是对二经的讲说对象的比较。⑦⑧ ⑭ 是对二经的说法者的比较。⑫⑬ 是对二经的说法场所的比较。

吉藏在对二经的同一性、相异处从不同角度做了分析之后，在"序说经意"的第五条末尾，依据《信解品》的长者穷子的譬喻，说明了为什么要相对于《华严经》而说《法华经》的根据：

> 此经领解中，广序长者尊豪七珍具足眷属围绕诸人侍卫。此皆指《华严》初成时，为诸菩萨说大法事也。是故引《华严》以类《法华》。此义现信解品也。
>
> （同前，三六六下）

在《法华玄论》卷第七的"《信解品》譬喻义"中，其十四条中的第八条有"明二教"，并对《法华经》与《华严经》做了如下比较：

> 第八明二教。从顿止一城，即序长者豪贵自在，眷属宗侍等。此领《华严》初成佛时，舍那教闻，化诸菩萨也。脱珍御服，着弊垢衣，即是舍那之本垂释迦之迹，遍化二乘。竟第八譬，皆是领释迦教也。（同前，四一七中）

又在卷第九"论本迹义释《寿量信解》等品"中，关于《信解品》的"长者居师子座，眷属围绕，乃至脱珍御服着弊垢衣"（同前，四三六中）[①]之文，在介绍、批判了以前的种种解释之后，做了自己的解释：

今所明者，凡有三身。一法身，二舍那身，三释迦身。其父先来求子不得，譬法身觅大机不得也。中止一城家业不废，譬舍那身初成道时，二乘大机虽复未熟（底本作“熱”），而菩萨道缘已成，故初登正觉化诸高行。如文广说之。宗亲侍卫，乃至罗列宝物者，皆指《华严》为诸菩萨说大法也。脱珍御服着垢弊衣者，隐舍那之本示释迦迹，化于二乘也。此三身即是次第，前明法身，法身次垂舍那之迹，化诸大行，舍那次示释迦之化，引于二乘。

（同前，四三六中至下）

在以上引文中，吉藏指出《信解品》的譬喻是说《华严经》的教主舍那身。在对《法华经》与《华严经》进行比较时，这一点具有非常重要的意义。因为为了批判五时判教将《华严经》置于《法华经》之上的观点，吉藏必须把《法华经》提高到与《华严经》一样高的位置。为此，有必要说明《法华经》包含《华严经》的立场。在卷第一“序说经意”的第五条最后，吉藏提到了《法华经》的说法，即认为《法华经》具足三身[②]，从而说明了《法华经》包含《华

① 源自《法华经·信解品》：“遥见其父踞师子床……即脱瓔珞细软上服严饰之具，更着粗弊垢腻之衣。”《大正藏》第9册，第16页下–17页上。

② 《大正藏》第26册，第9页中。

严经》之义，对《法华经》与《华严经》的比较做了总结：

晚见《法华论》释寿量品具三身。一法身，二报身，三化身。具有《华严》之意。以众经皆说报身，即是舍那故也。寿量义当广说也。（同前，三六六下）

这种以舍那身为媒介将《法华经》与《华严经》视为同格的说法，以更为明确的方式出现在卷第二[①]。另外，在《法华玄论》中，对于五时判教中的《华严经》定位的批判，不限于上述的论点，还有《法华玄论》卷第九的以下说法：

经师皆言，《华严》是顿教。唯初成道说之，故化时短也。后从鹿苑至双林皆是渐教，故渐教时长。今请难之。《华严》七处八会，初一会可言初成道说之，七会六处云何亦是初成道说耶。又第八会入法界品在祇洹说之。初成道时未有祇洹，亦无声闻。云何第八会在祇洹说之，又列五百声闻耶。（同前，四三七下）

即基于《华严经》的内容本身，对所谓《华严经》是佛初成道时的说法、《华严经》是顿教的说法进行批判。这是一个重要的

---

① “今所明者，长者严饰，即舍那身。出内取与，谓舍那教。若尔，舍那形教蕴在《法华》之中。《法华》教岂不说常耶。复云何言是半字耶。若《法华》是无常半字教者，舍那佛教义亦应然”（同前，第 375 页）。在这里，明确指出了《法华经》具足舍那的形（身体）与教。

观点[①]。

最后，对《法华玄论》卷第三中的华严经观，从两个方面进行考察。第一是《华严经》与二乘作佛的关系；第二是《华严经》的因果论。

在对《般若经》《净名经》(《维摩经》)、《法华经》三经进行比较时，吉藏认为,《般若经》《净名经》因为没有“开权”，故不明“界外之事（从《法华经》的立场看，具体指二乘的授记作佛）”，但在“显实”的方面与《法华经》完全一致[②]。其根据之一即《华严经》与二乘作佛的关系。吉藏对此做了有意思的说明：

> 又难。若言《净名》《大品》未明二乘作佛亦未显实者,《华严》云，大药王树根不生二处。谓深水、火坑。即言二乘不生菩提心。若尔,《华严》应未显实也。又《华严》法界品明二乘未入法界。《法华》已明入一乘。然一乘、法界是异名耳。岂可言《华严》未明二乘作佛，故显实亦未足耶。

---

① 同样的见解也见于《净名玄论》卷第七：“问：大机未熟，故《华严》之会未有小众。何故第八会中列五百声闻。答：前七会多是佛初成道，菩提树下说之。此时未有小众，故七会不列。第八会后时说之。后已立祇洹精舍。此时得有声闻。所以列也。讲者谓七处八会皆初成道说，则失斯意也。”(《大正藏》第38册，第899页下）

② “问：但《净名》显实与《法华》同《波若》显实亦与《法华》同。答：一切大乘经明道无异。即显实皆同。但《波若》《净名》之时，二乘根缘未熟，故未得开权。至《法华》时，二乘根缘始熟，故方得开权耳。不可言未开权，故亦未显实。”(《大正藏》第34册，第386页下）

问：何故《华严》未明二乘作佛耶。

答：《华严》多是初成道时，二乘根缘未熟，故说其未得成佛。如《净名》《大品》之时，二乘根缘未熟，故未开权。诸菩萨道缘已熟，故已显实也。不可言未开权，故亦不显实矣。（同前，三八七上）

因为《华严经》提到二乘不生菩提心，而一乘与法界只是别名而内容相同，所以《入法界品》中云二乘不入法界即意味着《华严经》没有明确二乘能够作佛。尽管如此，也不能由此得出结论说《华严经》没有显示真实。同样，说《净名经》《大品般若经》没有显示真实也是误解。

对于不明确主张二乘作佛是否就意味着没有显示真实，吉藏没有明确回答。而从上面的问答看，吉藏似乎认为在《华严经》《净名经》和《大品般若经》中，因为二乘的根缘未熟，所以对二乘不开权，即不显示真实，而对菩萨才显示真实。因此，不能说因为对二乘不开权，就误认为此经未显示真实。为什么这么说呢？因为即使在这些经中对菩萨是显示真实的，此即“不可言未开权故亦不显实矣”。

关于《华严经》的因果论，吉藏云：

《华严》明因果者，前已释竟。此经但为菩萨，广开舍那能化所化二种因果法门。皆是无方无碍，任道平正，无所斥夺，究竟圆满。望前诸教，谓根本法轮。所以明根本

> 法轮者，三世诸佛出世，唯应为菩萨直说究竟之因，圆满之果。菩萨行此因，故直趣佛果。故名根本法轮。但为众生薄福钝根，不堪受此法。是故方便息于大化，种种杂说。或前小后大，或始三终一，或先无常后常。皆是释迦屈曲为缘，故深隐说法。若任道而言，唯应有《华严》教也。
>
> （同前，三八八上）

《华严经》被认为是明“究竟之因”“圆满之果”的经典。特别是末尾所说“若任道而言，唯应有《华严》教”引人注目。《华严经》被认为“任道平正”，或如前述（对照表的⑤）被规定为“平道教”，皆表明《华严经》是开示佛之悟境的经典。只是众生根机愚钝，所以世尊“屈曲”[①]，说种种教。可见，虽然《华严经》似乎具有特别的地位，但《法华经》在立场上又包含《华严经》。《华严经》被称为“平道教”一样，《法华经》也被称为“初则斥夺迷执，然后方平道说也（同前，三六六中）”，可以作为旁证。

三、《法华义疏》中的《法华经》与《华严经》

关于《法华经》与《华严经》的关系，吉藏在《法华义疏》中所表述的基本思想与《法华玄论》中的立场没有大的变化，只是在

① 关于屈曲教、平道教，参见坂本幸男《华严教学的研究》（平乐寺书店，1956年）第188–195页。

两个方面有新的发展：第一点，在《法华玄论》还没有彻底定型的三种法轮说，其名称和内容在《法华义疏》中得以确立；第二点，在《法华玄论》里列举了十四条《法华经》与《华严经》的不同，其中的③和④讨论的是二经所针对的不同的说法对象，而关于这点，在《法华义疏》中则使用了“直往菩萨”与“回小入大菩萨”这对新的概念。之所以使用这对概念，是为了说明《法华经》与《华严经》对机的不同，同时也受到了净影寺慧远和《大智度论》思想的影响。其思想意义在于，它说明吉藏欲站在《法华经》的二乘作佛的立场上，通过将声闻视为“回小入大菩萨”，从而明确教化声闻的目的即二乘成佛及其过程。以下对《法华义疏》中的用例进行详细的考察。

1. 此文双序如来大小二藏。从《华严》已来至灵山已前大小二乘一切诸教。所以双序二教者，序小乘教意，明回小入大，菩萨钝根，昔未得悟，今方领解，序大乘教意，叹直往菩萨从《华严》已来至灵山之前，大机早就，利根早悟。此乃是数以叹菩萨之先达，嗟声闻之后悟耳。非关昔大为方便也。

问：何以知然。

答：以二文为证。一者涌出品云，是诸众生，始见我身，闻我所说，即便得入如来之慧。此明直往菩萨早悟佛慧也。次云，除先修习学小乘者，如是等人，我今亦令得

闻是经入于佛慧。此明回小入大菩萨晚方悟也。(卷第四。大正三四,五〇一上至中)

在这里，吉藏指出回小入大菩萨因为根钝而在往昔不能开悟，到《法华经》这里才得开悟，而直往菩萨因为根利，所以在《法华经》以前就已经开悟。而且指出此二菩萨说是依据《从地涌出品》[①]之文而来的。

2. 而云说是大乘经者，是大乘经即《法华》也。昔为直往菩萨早说《法华》竟。故涌出品，是诸众生始见我身，闻我所说，即入佛慧。佛慧则《法华》平等大慧。但昔作《华严》《波若》之名耳。今为回小入大之人作《法华》之说，故知大乘显道义同。(卷第四。同前，五〇一下)

吉藏在这里，提出了一个大胆的看法，即无论是往昔为直往菩萨所说的教法，还是这次为回小入大者所说的教法，皆为《法华经》经义。这一观点，在《法华统略》卷一中得到更明确的表述[②]。但从这段文字就得出吉藏把《法华经》定位于诸经中最高的经典则是错误的。吉藏的基本立场应该是末尾的“大乘显道义同”。吉藏以《涌出品》之文为根据，指出往昔的大乘、《法华经》等皆明佛之平等大

① 《大正藏》第9册，第40页中。

② 《法华统略》卷一：“又昔密说《法华》，今显说《法华》。又昔是《法华》方便，今是《法华》正体。又昔是《法华》之用，故从一佛乘起于密用。今收诸密以归一乘。若尔，则《法华》网罗众教，众教皆以《法华》为宗。”(续藏一~四三~一,三左下)

慧，其经典观可以说是“诸大乘经显道无异”的立场。

3. 问：如来初发心时，愿一切成佛。今并未成佛。云何称愿已满耶。

答：灵山一会，回小入大菩萨同入一乘。自尔已前，令直往菩萨授记作佛。一期出世，唯此二人普令作佛，则是一期愿满。如上引涌出品文证之。正意者,《法华》之前，但得为菩萨一人说佛乘，则佛愿未满。今并为五乘六道众生并令成佛，故佛愿满。（卷第四。同前，五〇二下）

也就是说，虽然在《法华经》以前，世尊为了直往菩萨而说佛乘并授记作佛，但只有到《法华经》这里才明确回小入大菩萨皆入一乘，五乘六道众生悉皆成佛。

4. 故释论云，罗汉生净土，根钝于佛道迂回稽留，不如直往菩萨。（卷第五。同前，五一六中）

据此文可知，吉藏所引用的《大智度论》[①]文中已经有“直往菩萨”的用语，这表明它不是吉藏所造之术语。

5. 声闻回小入大，始得入菩萨十信之位……

问：声闻回小入大得入十信位者，为入十信初心，为

① 《大智度论》卷第九十三：“问曰：若阿罗汉往净佛国土，受法性身。如是应得疾作佛。何以言迂回稽留。答曰：是人着小乘因缘，舍众生舍佛道。又复虚言得道。以是因缘故，虽不受生死苦恼，于菩萨根钝，不能疾成佛道，不如直往菩萨”（《大正藏》第 25 册，第 714 页上）。

十信满足耶。

答：但入十信初心……回小之人偏修空观，断除烦恼，故在界外受生。直往之人不专观空断结，故在界内受生而涉有化人。慈悲深淳，则回小之人所不能及，故直往为胜。（同前，五四三中至下）

回小入大的菩萨是声闻到《法华经》而转成的菩萨，所以声闻回小入大只是进入菩萨十信的初心（菩萨的最低位）。另外，还讨论了从慈悲的观点看，直往菩萨与回小入大菩萨也有高下优劣的不同。

6. 顿教化直往，渐教通化二种菩萨……初《华严》教门，此教直往菩萨令入佛慧。从《华严》以后依此品始终之意，凡有四教，调伏回小入大之人，方得入于佛慧。（卷第七。同前，五五二中至下）

此文也在前节引用，在这里，吉藏表明作为顿教的《华严经》教化直往菩萨，而《华严经》以后的渐教则同时教化直往菩萨和回小入大菩萨。另，回小入大菩萨由四教（四调柔即人天教、二乘教、自教、他教）调伏，至《法华经》而入佛慧。

7. 初明直往菩萨易可化度。始见我身，闻我所说者，即《华严》之会诸菩萨等闻说《华严》，即入佛慧。除前修习学小乘者，明回小入大之人大机未熟，从《华严》之会竟灵山之前，未得显教大乘，故简除之也。如是之人下，第二明回小入大菩萨大机已熟，今化得之，故名易度。亦称入于佛慧。故知《法华》即《华严》。不应谓《华严》理深《法华》义浅。然直往之人大菩萨大机已熟，今化得之，故名易度，亦称入于慧。故佛无疲劳。回小之流经四十余年，方得入道，应有疲劳。但今取始终皆得悟入道，总名易化无劳疲也。又言始见我身，则见释迦过去久成佛之始。则涌出菩萨是也。此举过去之始，明回小入大之人亦入佛慧，辨今世之终。始终之缘并皆得悟，故众生易度耳。（卷第十。同前，六〇〇下～六〇一上）

在这里，吉藏主张，虽然《华严经》教化直往菩萨而《法华经》教化回小入大菩萨，即所谓讲说对象不同，但在同入佛之智慧方面没有任何不同。故《法华经》与《华严经》在本质上是同一的。

8. 若就现在辨于三根者，《法华》之前，直往菩萨已得悟者，名为上根。至于《法华》回小入大，名为中根。故涌出品云，初见我身，闻我所说，即便信受，入于佛慧，谓上根也。除前修习学小乘者，今闻此经，亦入佛慧，谓中根也。自此已外，犹未得道，闻于唱灭，为说涅槃方得悟者，谓下根也。（卷第十。同前，六〇八上）

吉藏在这里，将直往菩萨称为上根，回小入大菩萨称为中根，听闻《涅槃经》始得开悟者视为下根。

9. 为直往菩萨说令入佛慧故名《华严》，为回小入大菩

> 萨说令入佛慧故名《法华》。约人有利钝不同，就时初后为异，故两教名字别耳。至论平等大慧清净一道，更无有异。是故两经皆明二菩萨也。（卷第十二。同前，六三一中）

吉藏在这里指出，虽然《华严经》使直往菩萨入于佛之智慧，《法华经》使回小入大菩萨入于佛之智慧，根有利钝之别，时有前后不同，但二经在本质上是同一的。

以上考察了《法华义疏》中的直往菩萨与回小入大菩萨的用例。总之，吉藏认为《华严经》教化直往菩萨，《法华经》教化直往菩萨与回小入大菩萨，但主要还是教化回小入大菩萨。此外，吉藏还规定直往菩萨为利根、上根，而回小入大菩萨则为钝根，中根。可见，上述《法华玄论》（对照表的③④）中的“发始学大缘”“福德大利根人”为直往菩萨，而“前小后大缘”“薄福钝根人”则为回小入大菩萨。

《法华义疏》对《法华经》与《华严经》的比较，除了上述诸点以外，还从善知识的方面，对二经的同一性做了说明。卷第十一云：

> 如《华严》说经竟至流通分法界中，广明诸菩萨是善财真善知识。《法华》即是《华严》，故说《法华》竟，流通分中，亦明无量菩萨宣通一乘，是众生真善知识也。
>
> （同前，六二〇上）

另外，吉藏还以两经皆有文殊菩萨和普贤菩萨登场来说明两经的同一性。卷第十二云：

> 又《华严经》七处八会，文殊普贤善其始，入法界品流通分，此二菩萨又令其终。所以此二人在彼经始终者，世相传云，究竟普贤行，满足文殊愿。故普贤显其行圆，文殊明其愿满。故于诸菩萨中，究竟具足显《华严》是圆满法门。今说《法华》，亦明文殊开其始、普贤通其终，亦显《法华》是究竟法。所以二经皆明两大士者，欲显《华严》即是《法华》。(同前，六三一上至中)

可见，吉藏为了论证《法华经》与《华严经》在思想上的同一性，连二经内容的细节都有所留意。

四、《法华游意》中的《法华经》与《华严经》

上面考察了《法华玄论》的“序说经意”的第五条的内容，它与《法华游意》的“来意门”的第六条相对应。因为在“序说经意”与“来意门”的叙述中可以看到若干思想上的发展，因此以下对此加以考察。

首先，《法华游意》的“来意门”在对二经的基本定位方面，与“序说经意”一样，都认为《华严经》最初欲以一乘救子而未果，《法华经》后以一乘而终救子。在这一基本认识基础上，“来意门”明确断定了二经的同一性，“得与未得义乃有殊，初后一乘更无有异(同前，六三五上)”，关于二经所明的思想内容，“序说经意”概括为“一因一果”，而“来意门”则总结为“一乘清净平等大慧”：

> 所言同者，明一道清净平等大慧……佛慧即是平等大慧。故知《花严》与《法花》同名平等大慧，诸佛知见无有异也。(同前)

关于二经的不同点，“序说经意”列出了十四条，而“来意门”则总结为化主、徒众、时节、教门、约处等五条不同。这五条的内容与“序说经意”中的十四条存在着对应关系。

①化主的不同

> 《花严》化主多名卢遮那，《法华》化主称为释迦。又《花严》一佛所说，《法花》则普集分身诸佛说。《花严》则菩萨说，《法花》则佛自说。(同前)

此与“序说经意”的⑦⑧⑭相对应。

②徒众的不同

> 《花严》为直往菩萨说，《法花》为回小入大人说。《花严》纯为菩萨说，《法花》杂为五乘人说。《花严》顿为菩萨说，《法花》渐渐为菩萨。(同前)

此与“序说经意”的③④⑨相对应。然而其中的“顿”与“渐渐”相对应的说法，不见于“序说经意”。

③时节的不同

> 《花严》始说一乘，《法花》终明究竟。(同前)

此与“序说经意”的①相对应。

④教门的不同

直说一乘平等大道无所破斥，名为《花严》教。此经破三乘执固，然后始得归于一极也。(同前)

此与“序说经意”的②相对应，也与⑤相对应。因为“序说经意”的“平道教”与“来意门”的“平等大道”相对应。

⑤约处的不同

《花严》七处八会说，此经一处一会说。(同前)

此与“序说经意”的⑬相对应。而在《法华游意》的“来意门”中，对《法华经》的“处”“会”提出疑问，认为《法华经》同在灵鹫山说故唯有一处，而净秽则有三时[①]。表示如下：

(a) 初分经（序品—法师品） ……秽土

(b) 见宝塔品—嘱累品 ……净土

（如来神力品—嘱累品） ……净秽土

(c) 药王菩萨本事品—普贤菩萨劝发品 ……秽土

《法华游意》对于《华严经》在净土所说法虽然没有言及，但其立场大体与“序说经意”的⑫相当。而关于《法华经》的立场，则比“序说经意”的叙述更为详细。另外，关于《法华经》的处、会，《法华统略》提出了新说，即四处七会的说法。总之，“来意门”基

① 《大正藏》第34册，第635页中。

本上继承了“序说经意”之说，但没有言及“序说经意”的⑥⑩⑪，而将“顿”与“渐渐”相对则是新的提法。

其次，关于直往菩萨与回小入大菩萨,《法华游意》在“来意门”的第一条对二种菩萨做了综合考察。原文引用如下：

问：始自《华严》之会，终竟《法花》前集，四十余年，诸大乘经已说菩萨行。今何因缘复更说是经耶。

答：有二种菩萨。一直往菩萨，二回小入大菩萨。自昔以来，为直往菩萨说菩萨行。今欲为回小入大菩萨说菩萨行，故说是经。

问：何以知始自《华严》之会，终竟《法花》之前，为直往菩萨，今为回小入大耶。

答：涌出品云，是诸众生始见我身，闻我所说，即便信受，入于佛慧。除前修习学小乘者，如是等人，我今亦令得闻是经，入于佛慧。既称始见我身者，即是寂灭道场见盧舍那佛。闻我所说，谓《花严》之教。故知自昔已来，为直往之人，说菩萨行。除前修习学小乘者，则知尔前未为二乘说菩萨行。如是等人，我今亦令得闻是经，入于佛智慧，则知今为回小入大之人说菩萨行也。

问：经文何故但据二人。

答：初学为于大始，后标教于小终。一化中间，则可知也。

问：何故前为直往菩萨，后为回小入大之人。

答：直往之人久行佛道，福德利根，是故前为。回小入大之人，不行佛道，薄福钝根，是故后为。故方便品云……故知菩萨利根，先闻大道。声闻浅劣，后入佛慧。明既其证也。（同前，六三三下～六三四上）

从《华严经》到《法华经》之前的经典都以直往菩萨为对象说菩萨行，而《法华经》则以回小入大菩萨为对象说菩萨行。正如前文所述，关于二种菩萨的经典根据皆出自《涌出品》。直往菩萨“福德利根”，回小入大菩萨“薄福钝根”，亦如前述，别无新意。即《华严经》以直往菩萨为教化对象，而《华严经》与《法华经》之间的诸大乘经的讲说对象也以直往菩萨为主。关于《般若经》,《法华游意》云：“《波若》教明直往菩萨作佛,《法花》教明回小入大菩萨作佛。（同前，六四六中）”。《法华统略》卷一亦云：

问：《波若》教菩萨，与《法华》教菩萨何异。

答：《波若》正教直往菩萨,《法华》正教回小之人。

（续藏一～四三～一四右下）

可见,《华严经》与《法华经》中间的大乘经（如《般若经》）的教化对象虽然以直往菩萨为主，但另一方面，从调柔二乘机根的角度看，它们又秘密教化回小入大菩萨。显密四门的第三句“显教菩萨，密化声闻”（《大正藏》三四,六四五上）是指《般若经》，文中的“菩萨”为直往菩萨，而“声闻”则相当于回小入大菩萨。

五、《法华统略》中的《法华经》与《华严经》

《法华统略》中虽然也在几处论及《法华经》与《华严经》，但似乎没有新意。如《法华统略》卷三云，将《法华经》视为非究竟之教的四时判教，五时判教有四大罪，其第二罪即：

> 二者寂灭道场初成正觉，为此菩萨还说此乘。此乘即非究竟，则《华严》非究竟。
>
> （续藏一～四三～一,四四左下）

这种说法的背后即认为《法华经》与《华严经》在内容上没有差别。同样，关于《法华经》所明之因,《法华统略》卷三云："又假令此车是因者，亦非究竟因，佛初成道《华严》之会，亦说此因，则《华严》之因亦非究竟。"（同前）也是基于同样的逻辑。

另外，关于《法华经》包含《华严经》,《法华统略》卷一云："《法华》摄《华严》等一切大乘深大之言"（同前，四右上）。此外,《法华统略》大约有十八处论及直往菩萨与回小入大菩萨。

六、小结

综上所述，吉藏力图通过对《法华经》和其他诸种大乘经典之间的比较，证明其关于经典的基本立场——"诸大乘经，显道无异"。关于《法华经》和《华严经》，吉藏指出，虽然二经之间在化主、徒众、时节、教门、约处（《法华游意》的说法）等五个方面有不同，但两者的根本思想都是“一因一果”“一乘清净，平等大慧”，在价值上没有优劣之分。这可以说是吉藏从根本立场上对之前流行的慧观的顿渐五时判教思想的批判。

（张文良 译）

《法华经》与智𫖮的教育实践

——以化他与自行的关系为核心

中国政法大学教授　俞学明

佛教教育，发端于释迦牟尼在鹿野苑初转法轮，其对教育目标和有效性的思考，则自佛陀菩提树下觉悟已经发生。随着佛教的传播和发展，有关佛教教育可能性和有效性的争议时有呈现。

以觉悟为目标的佛教教育，存在着“自行”和“化他”两个维度。“自行”，是以自己为教育对象，通过各种方式学习和修行，从而达到自我觉悟；“化他”，则是以他人为教育对象，通过各种方式的启发、引导、教示，从而使受教育者走上觉悟之路。觉悟之路，可以区分为信、解、行、证四个层次，以证为最终目标。不管是自行还是化他，最终都是以受教育对象（“我”或者“他”）的信、解、行、证的某一方面或者程度的实现为评价标准，因而，从根本上说，佛教教育最终都落实于自行，无论是人通过自我精进之“自行”而达到觉证，还是通过“化他”体系的培育使“他”坚持精进之“自行”而达到觉证，都是以受教育对象的“自行”为落脚点。但是，在大乘佛教中，“化他”的问题并不是“自行”完成后的附属行为，而有了更为重要的意义，甚至在很大程度上成为“自行”的有机组成部分，乃至“自行”真正成就的必要条件。

《法华经》贯彻于天台智顗一生的佛教教育实践中，既是其“自行”的重要根据，也是其“化他”的主要内容。《法华经》在“自行”和“化他”关系上的阐释，为天台智顗的思想提供了基础，同时也给他的教育实践带来了挑战。

一、化他与佛意

智顗的学习过程一直与《法华经》紧密结合。《法华经》在其“自行”和“化他”的教育实践中占据着至高的地位。

在智顗看来，《法华经》之所以如《妙法莲华经》卷第五《安乐行品第十四》中所说“此《法华经》，是诸如来第一智说，于诸说中最为甚深”，“此《法华经》，诸佛如来秘密之藏，于诸经中最在其上”[①]，在“化他”的问题上，是因为表现出“化他”目标的究竟性、成就的普遍性、方法的圆融性。

所谓化他究竟，是指《法华经》“畅如来出世本怀”[②]。“如来的出世本怀”，根据《妙法莲华经》卷第一《方便品第二》的说法：

① 《大正藏》第9册，第39页上。

② 《妙法莲华经玄义》卷一上，《大正藏》第33册，第682页中。

> 舍利弗！诸佛随宜说法，意趣难解。所以者何？我以无数方便、种种因缘、譬喻言辞，演说诸法，是法非思量分别之所能解，唯有诸佛乃能知之。所以者何？诸佛世尊，唯以一大事因缘故，出现于世。舍利弗！云何名“诸佛世尊，唯以一大事因缘故，出现于世？”诸佛世尊，欲令众生开佛知见使得清净故，出现于世；欲示众生佛之知见故，出现于世；欲令众生悟佛知见故，出现于世；欲令众生入佛知见道故，出现于世。舍利弗！是为诸佛以一大事因缘故，出现于世。①

也就是说，佛是为了令众生开示悟入佛之知见，才出现于世的，这是甚深难解的“佛意”所在。

智顗认为，在《法华经》之前，各种经典“虽种种建立施设众生，但随他意语，非佛本怀故”，而“今经正直舍不融，但说于融，令一座席同一道味，乃畅如来出世本怀故，建立此经，名之为妙”②。

因而，《法华经》揭示了佛陀的本意。《方便品》又曰：“佛告舍利弗：‘诸佛如来，但教化菩萨。诸有所作，常为一事，唯以佛之知见示悟众生。舍利弗！如来但以一佛乘故，为众生说法。无有余乘，若二若三。舍利弗！一切十方诸佛法亦如是。’”“知诸众生

① 《妙法莲华经》卷一，《大正藏》第9册，第7页上。
② 《妙法莲华经玄义》卷一上，《大正藏》第33册，第682页中。

有种种欲，深心所著，随其本性，以种种因缘、譬喻言辞、方便力而为说法。舍利弗！如此皆为得一佛乘一切种智故。舍利弗！十方世界中尚无二乘，何况有三？”[①]佛陀的所有经教都是为了令众生开示悟入“佛之知见”，因而实质上并无有二乘、三乘，因此，三乘只是方便，唯有一乘（佛乘）才是真实的追求，此即《法华经》的“一佛乘”思想。各种教法，乃佛陀了知众生根性差异，因而“以种种因缘、譬喻言辞、方便力而为说法”，但说法之目的，都是“为得一佛乘一切种智”，如同《药草喻品第五》中所说：“如彼大云，雨于一切卉木、丛林及诸药草，如其种性，具足蒙润，各得生长。如来说法，一相一味，所谓解脱相、离相、灭相，究竟至于一切种智。”[②]

智顗以《法华经》中强调的“如来出世本怀”为判释经教、说明《法华》圆妙的本旨，正是希望当时佛学界莫要执着于经典细节上的差异，而要关注佛教的根本立场在于体察佛意，发挥大乘佛教悲智双运精神，以众生之济度为要务，以开启“佛之知见”为济度的原则，从而把“佛意”作为统一佛学诸家的无上法宝。进一步而言，《法华经》具有诸经所不具足的殊胜性，原因在于诸经虽然“种种建立施设众生”[③]，但多为“随他意语”，为方便施设，“非佛本怀”。

① 《妙法莲华经》卷一，《大正藏》第9册，第7页上、中。
② 《妙法莲华经》卷三，《大正藏》第9册，第19页中。
③ 《妙法莲华经玄义》卷一上，《大正藏》第33册，第682页中。

如不能即方便即真实，则如同停滞于“化城”不肯前行，反而无法促成众生之成就。

智顗认为：“《法华》总括众经，而事极于此佛出世之本意、诸教法之指归。人不见此理，谓是因缘事相，轻慢不止，舌烂口中。若得其旨深，见七种二十一种无量教门，意气博远，更相间入，绣淡精微，横周竖穷，悉归会《法华》，二万灯明迦叶等古佛设教，妙极于此。”[①]《法华经》开权显实，融通诸经，已经达到极致，可谓是“诸教法之指归”，表达了“佛出世之本意”，因而可谓“妙极”。

“化他”是佛出世之本意，“化他”的目标就是众生成佛。《法华经》强调了众生成佛的可能性和必然性，因而，“化他”也就取得了超越单纯自行的特殊意义。《法华经》提倡会三归一，就是把个人的化他努力与自我成就结合在一起，从根本上显明了“化他”的究竟意义。

二、化他与法华三教相

《法华经》中强调的“一大事因缘”包含了两层意思，一是“开示悟入佛之知见”，这是佛陀随宜说法、化导众生的目的；二

① 《妙法莲华经玄义》卷一上，《大正藏》第33册，第704页中。

是根性不同的“众生”，这是佛陀力图化导的对象，也是佛陀“以无数方便、种种因缘、譬喻言辞，演说诸法”的原因。众生根性有差，必须用方便法门调熟根性，方能真正获得“佛之知见”。因此，所谓“如来的出世本怀”，是要令所有根性的众生最后都归向“一佛乘”。

在智顗看来，佛陀出世以来的所有工作，都是为了收摄根性，这就把“化他”的圆满普遍性提升到了究竟的高度。这种对所有众生的收摄，是佛意所在，也是《法华经》之胜妙处。他设置了法华三教相，来说明《法华经》殊别于其他经典的根本特征，也是实现“化他”圆满的保证。

法华三教相的主要内容是：“教相为三：一根性融不融相，二化道始终不始终相，三师弟远近不远近相。”[①] 具体而言：

其一，“根性融不融相”。在智顗看来，之所以佛陀不能一开始就讲圆融三谛妙法，而需要用隔历三谛调熟众生根性，是因为众生根性有差，如说不对机，不仅无法达到目标，反而会令众生谤法不信，

> 但法有粗妙，若隔历三谛，粗法也；圆融三谛，妙法也。此妙谛本有……尚非不退菩萨入证二乘所知，况复人天群萌之类。佛虽知，不务速说。文云：我若赞佛乘，众

① 《妙法莲华经玄义》卷一上，《大正藏》第33册，第683页中。

生没在苦。谤法不信故，堕于三恶道。[①]

因而讲说《法华经》以外的各种经典及其教法是必要的。但这些教法都只是对应具体的听法众生，他们的根性或利或钝，参差不齐，教法介绍达到的境地也无法包容各种根性，是为“不融”。

> 初教建立融不融，小根并不闻。次教建立不融，大根都不用。次教俱建立，以融斥不融，令小根耻不融慕于融。次教俱建立，令小根寄融向不融，令大根从不融向于融。虽种种建立施设，众生但随他意语，非佛本怀故，言不务速说也。[②]

《法华经》则唯说一乘真实教法，听法众生根性虽有不同，但《法华经》能巧为方便，调伏长养而成熟之，使不同根性的众生最终无利钝之分，纯熟一味，共同度脱，所以乃畅佛“本怀”，故《法华经》为“融”，诸经为“不融”。

其二，“化道始终不始终相”。诸种经教大多是应时随机益物，有的不为小根机人所听闻，有的不为大根机人所用，尽管都有种种施设，但是总有所偏漏，多“当机益物”，不能完整体现佛陀施化所有根性众生的出世“本怀”，对化导众生“不始终”。而《法华经》引权归实，巧作顿、渐、不定等教相度脱众生，“令一座席同一道

① 《妙法莲华经玄义》卷一上，《大正藏》第33册，第682页上。
② 《妙法莲华经玄义》卷一上，《大正藏》第33册，第682页上、中。

味"[①]，能尽如来之真义，是为"始终"：

> 又异者，余教当机益物，不说如来施化之意；此经明佛设教元始，巧为众生作顿、渐、不定显密种子，中间以顿渐五味，调伏长养而成熟之，又以顿渐五味而度脱之，并脱、并熟、并种番番不息，大势威猛，三世益物，具如《信解品》中说，与余经异也。[②]

其三，"师弟远近不远近相"。智顗认为：

> 又众经咸云，道树师实智始满，起道树始施权智；今经明师之权实在道树前久久已满。诸经明二乘弟子不得入实智，亦不能施权智；今经明弟子入实甚久，亦先解行权。又众经尚不论道树之前师之与弟近近权实，况复远远；今经明道树之前权实长远，补处数世界，不知况其尘数。经云：昔所未曾说，今皆当得闻。殷勤称赞，良有以也，当知此经异诸教也。[③]

也就是说，《法华经》之外的其他经教，都认为释迦于今世成佛时，实智始满，始施权智；弟子未得实智，也不可施权智；因而也不会有佛土遍在的真实观照，是为"不远近"。《法华经》则揭示出，释迦于过去久远之世早已成佛，已满权实二智，其弟子也早已于过

① 《妙法莲华经玄义》卷一上，《大正藏》第33册，第682页中。
② 《妙法莲华经玄义》卷一上，《大正藏》第33册，第684页上。
③ 《妙法莲华经玄义》卷一上，《大正藏》第33册，第684页上。

去世入实智，并得行权智，只是为了教化众生的需要，诸弟子才内隐菩萨圣德，外现声闻之果，故在释迦于今世成佛之前，师与弟子已权实长远，佛土遍在，是为“远近”。

智顗对法华三教相的认定尤其是根性“融”的重要地位的确认，意味着成就众生是大乘佛教的根本宗旨，也就是说“化他”是佛教最核心的价值。

值得注意的是，“法华三教相”最核心的是根性问题，因为众生根性之差异，所以才有教化众生的始终不始终之别，而久远成佛、佛土遍在、师弟远近则保证了不同根性的众生能够得到完整的教化，直至成佛。从这个意义上说，佛教并非抽象的教化，而是个目中有“人”的宗教。佛教把活生生的人纳入自己的教化考量中，这个善恶具的现实的人，既是教化的对象，也是修行的主体。这种认定为天台以现实一念为修行入手处打下了基础。天台学并不以清净本心为思考的出发点，而是以现实中的、有欲望、有思虑、有烦恼、深心有着的具体的人作为教、行的出发点，这成就了天台宗思想和观行体系的特色。

智顗创造性地挖掘了“四悉檀”的释解，使得《法华经》对“化他”地位和有效性的重视得以具体展现。

四悉檀由龙树在《大智度论》中首倡。龙树以之作为解释佛讲说《般若波罗蜜经》的原因之一。智顗在列举了“悉檀”的多种翻译——宗、成、墨、印、实、成就、究竟等后，认为各种翻译都存在偏颇，他主张效仿南岳慧思法师梵汉兼称的方法，“悉是此言，檀是梵语，悉之言遍，檀翻为施。佛以四法遍施众生，故言悉檀也。”[①]智顗以“遍施”释解悉檀，用四悉檀贯通诸经、凸显本经之妙，更是把“化他”的普遍性和究竟性当作最为重要的标准凸显了出来。智顗认为：“发迹显本四悉檀，永异众经。何者？迹中力用已出诸教，本中十用诸经无一，况当有十？迹中悉檀已出诸经，本中悉檀诸经无一，何况有四？”[②]化用的目标不是停住于方便，而是归于一乘究竟。

如此，在智顗看来，《法华经》是在用众经收摄众生、调熟众生根性之后，正直无上道，唯作一乘收。经文处处均在指示着对众生的遍施和圆满成就。如，《方便品》中说：“知众生诸，深心之所念，过去所习业，欲性精进力，及诸根利顿，以种种因缘譬喻亦言辞，随应方便说”[③]，即是四悉檀所说，欲即乐欲，是世界悉檀；性即智慧性，是为人悉檀；精进力是破恶，对治悉檀；诸根利顿即是两人得悟不同，第一义悉檀。再如《寿量品》所说：“如来明见无有错谬，以诸众生有种种性种种欲种种行种种忆想分别故，欲令生诸善根，以若干因缘譬喻言辞种种说法，所作佛事未曾暂废。”[④]种种性者即

① 《妙法莲华经玄义》卷一下，《大正藏》第33册，第686页下。
② 《妙法莲华经玄义》卷一上，《大正藏》第33册，第800页上。
③ 《妙法莲华经》卷一，《大正藏》第9册，第9页中。
④ 《妙法莲华经》卷五，《大正藏》第9册，第42页中。

是为人悉檀，种种欲者即是世界悉檀，种种行者即是对治悉檀，种种忆想分别，即是推理转邪忆想得见第一义。智顗用四悉檀和《法华经》打通，把四悉檀发展成为完整诠释佛教经典经义尤其是展示《法华经》甚深义理的框架，成为龙树的中道思想得以在天台体系中落实的一个有力保障。

智顗比较了诸经教，认为："华严兼，三藏但，方等对，般若带，此经无复兼但对带，专是正直无上之道，故称为妙法也。"[1]华严只为利根人说法，小根虽在座，如聋作哑，并不闻得；三藏教只为小根说法，大根都排除在外，其目标只是阿罗汉，而不是成佛；方等教、般若教虽然以成佛为目标，但叹大葆圆，使得小根以小为耻，终是落了分别；只有《法华经》化他"专是正直无上之道"。

<table>
<tr><th>华严</th><th>三藏</th><th>方等</th><th>般若</th><th>法华</th></tr>
<tr><td>兼</td><td>但</td><td>对</td><td>带</td><td>专是正直无上</td></tr>
<tr><td>融不融
小根不闻</td><td>不融
大根不用</td><td>以融斥不融
小根耻不融
慕于融</td><td>俱建立
小根寄融向不融
大根从不融向于融</td><td>融
同一道味</td></tr>
<tr><td colspan="4">随他意语，非佛本怀，不务速说
佛往昔所行因果，悉皆被拂，咸是方便</td><td>畅如来出世本怀
以佛自行因果为宗（因穷久远之实修，果穷久远之实证）</td></tr>
</table>

① 《妙法莲华经玄义》卷一上，《大正藏》第 33 册，第 682 页中。

在智顗看来，《法华经》“以佛自行因果为宗”，不仅“因穷久远之实修”，而且“果穷久远之实证”。久远佛陀是佛教权威性的保证，也是化他普遍、圆满、究极的有力保证。

智顗认为：

> 诸方便教力用微弱，如凡人弓箭，何者？昔缘禀化他二智，照理不遍，生信不深，除疑不尽；今缘禀自行二智，极佛境界，起法界信，增圆妙道，断根本惑，损变易生，非但生身及生身得忍两种菩萨俱益，法身、法身后心两种菩萨亦俱益，化功广大，利益弘深。盖兹经力用也。[①]

《法华经》是以佛陀自行二智达到佛的境界为依归，因而使众生能够产生法界之信心，增广圆妙之法门，断除根本疑惑，精进持守，最终真正化导众生，获得圆满利益。

智顗挖掘了《法华经》对“化他”以及圆融“化他”可能性的重视，从而在其理论框架中，完成了“化他”的完整体系建构：

1. 以普度众生的“化他”为佛教的核心价值。佛陀“设教元始巧为众生”，是“如来施化之意”，因而众生受教、施行、圆证，是佛教之根本宗旨。

2. 普度的实现，有四：其一，以“佛自行因果为宗”，因而“因

① 《妙法莲华经玄义》卷一上，《大正藏》第33册，第683页中。

穷久远之实修，果穷久远之实证”[①]；其二，正如《法华经》所说，佛陀寿命无量，在长远的过去、现在、未来都一直坚持化度众生；其三，《法华经》提供了多元化的信仰方式作为方便，随宜运用，用来调熟根性；其四，有无量无数的地涌菩萨一直亲近久远世尊，受世尊委托和授记，是完成佛陀出世本怀的有力保障。

3. 连佛陀入灭都只是方便，是为了提醒众生勤勉精进、积极修证的方便，因而，需会三归一，以“一佛乘”为旨归。

三、化他与教观释解体系

“化他”，因主体之不同，我们可以区分为“佛陀之教育”和“佛教之教育”。这里所说的“佛陀之教育”，是指以佛陀本人为主体的佛法传播过程；而佛教之教育，则是佛陀的弟子以及后来僧人为主体的教育过程。其最大差别，在于佛陀是一个已经觉悟者，即，他已经完成了自我觉悟和升华（觉行圆满），因而获得了教育的权威性，其教育实践的难题更多的在于“化他”的可能性和有效性。这种“化他”的可能性在佛陀初始觉悟时，就已经有所疑虑了。

> 尔时世尊，作如是念：我所证法，此法甚深，难见难

① 《妙法莲华经玄义》卷一上，《大正藏》第 33 册，第 683 页上。

知，如微尘等，不可觉察，无思量处。不思议道，我无有师，无巧智匠可能教我证于此法。但众生辈，着阿罗耶（随言所着处），乐阿罗耶，住阿罗耶，喜乐着处，心多贪故，此处难见，其处所谓十二因缘。十二因缘，有处相生，此之处所，一切众生，不能睹见，唯佛能知……我今虽将如是等法向于他说，彼诸众生，未证此法，徒令我劳虚费言说。[①]

所以，佛陀当时准备“我今辛苦证此法，不可辄尔即应宣”[②]，还是因为梵天劝请，才勉力说法。佛陀虽然强调“依法不依人”，但佛陀及其弟子在世时，还是为佛教教育的有效性树立了教育的范式和权威。

大乘佛教兴起后，有关教育普遍性的问题，也一直受到人们的关注。如《佛说宝云经》卷四中说：

善男子！菩萨复有十法，名善说法，能令众生信受。何等为十？堪任法器者而为说法，称其根性而为说法，不为讥呵者说法，不为外道异见者说法，不为憍慢无诚心者说法，不为无信心者说法，不为谄诳伪者说法，不为求活命者说法，不为求利养悭贪嫉妒者说法，不为颠狂愚痴聋

① （隋）三藏阇那崛多译：《佛本行集经》卷三十三《梵天劝请品·下》。
② 同上。

哑者说法。[①]

可见，对于根不具、性不契、意不诚、心不虚的人，还是不作为说法对象的。

佛陀的弟子以及后期出家的僧人们，处于“自行”和“化他”同时进行的状态：一方面，在他觉悟之前，是否已经体悟到了佛教之真实意义，是否能够真正传播佛法，这是需要打问号的；另一方面，佛陀遇到的传法可能性问题，对他们来说依然存在，其教化有效性还更受到质疑。

智顗坚持了大乘普度众生的立场，因此，智顗认为，《法华经》“今经体者，体化他之权实即是自行之权实，如垢衣内身实是长者；体自行化他之权实即是自行之权实，如衣内系珠即无价宝也；自行之权即自行之实，如一切世间治生产业皆与实相不相违背，一色一香无非中道，况自行之实而非实耶？”[②] 在智顗看来，“化他”看起来不是在“自行”，但事实上不碍“自行”，他结合《法华经》中的几个譬喻，说明“化他”和“自行”是不冲突的，甚至“化他”就是“自行”，如同长者虽身着垢衣，依旧是长者；明珠即使系在衣内，依旧是无价珍宝；即便是世间经世产业，也皆和实相无违。不仅如此，化他就是自行，方便即真实，烦恼即菩提，并非转烦恼成菩提，在圆融三谛的修行中，是即烦恼即菩提。这样，化他的合理

① （梁）扶南三藏曼陀罗仙共僧伽婆罗译：《佛说宝云经》，卷第四。
② 《妙法莲华经玄义》卷一上，《大正藏》第33册，第683页上。

性、必要性和可能性，在智顗阐发《法华经》义的基础上，得到了理论上的解决。

那么，如何能使“化他”得到真正有效的落实？在《法华经》的体系中，经典的地位已经通过佛陀舍利崇拜—舍利塔崇拜—塔崇拜—经塔崇拜—经典崇拜的路子获得了确认。听闻、读诵、演说经典获得了崇高的价值，同时又由于其便利易行、没有太多外在的限制，而成为“化他”的重要手段。智顗指出，经典并不是简单的文本，而是众生闻解起行的载体。虽然第一义超越言说，但世间传法还需借重文字，重要的是，如何借助而超越文字的局限，把这普度之津梁用好。这里的关键，是如何在解经过程中随遣随立，使教真正成为行、证的基础。

智顗的化他方法众多，他在天台山倡导并落实的放生，是中国历史上最早的一次规模最大的放生活动，并成为唐宋放生的先导和楷则；他所修订的“法华忏仪”，对后世影响深远。但最为重要的，还是他通过经典的解释、演说，来实现他的化导理想。他创造性地建立了独特的释经框架，使得他想表达的《法华经》的圆融性得到充分体现。

智顗认为，经的数量众多，彼此有通有别，“教本应机，机宜不同，故部部别异；金口梵声，通是佛说”，通别可从教、行、理三方面理解，“从缘故教别，从说故教通；从能契故行别，从所契故行通；

理从名故别，名从理故通”[①]。因而，释解经典时，既要明确各经典自身的特点，更要明确其共同的宗旨以及对修行的价值。

<table>
<tr><th>教</th><th>诸经教</th><th>四教藏、通、别、圆</th></tr>
<tr><td rowspan="3">诠</td><td>纵（七番共解）：
“五心立，成五根，排五障，成五力，乃至入三脱门”，“令众生开示悟入佛之知见”</td><td>一标章：“令易忆持起念心故”
二引证：“据佛语起信心故”
三生起：“使不杂乱起定心故”
四开合：“起慧心故”
五料简：“起慧心故”
六观心：“即闻即行起精进心故”
七会异：“起慧心故”</td></tr>
<tr><td>横（五重别说）：
“教本应机，机宜不同故部部别异，金口梵声通是佛说”；“约行者，泥洹真法宝，众生以种种门入”；“约理者，理则不二，名字非一”</td><td>释名第一：“为开深以进始咸令视听，俱得 见闻，寻途趣远而至于极”
辨体第二：出世之礼法，“取佛所见为实相正体”
明宗第三：要也，“佛自行因果以为宗”
论用第四：力用，“自行二智照理，理周以为力；二种化他二智鉴机，机遍以为用”
判教第五：“教者圣人被下之言，相者分别同异”，明经通别</td></tr>
<tr><td colspan="2">会通四悉檀等 / 随遣随立</td></tr>
<tr><td rowspan="4">标准</td><td>化他的针对性</td><td>根性</td></tr>
<tr><td>化他的普遍性</td><td>法华三教相</td></tr>
<tr><td>化他的圆满性</td><td>圆融三谛</td></tr>
<tr><td>化他的究竟性</td><td>一佛乘，会三归一</td></tr>
</table>

① 《妙法莲华经玄义》卷 ·上，《大正藏》第 33 册，第 691 页上。

智顗不是为了解经而解经，因而，他在以化导众生为目标的解经设计中，每一环节都有各自的作用。

四、现实中的化他与自行

智顗在慧思门下即参与讲习，之后一生化导无数，《别传》除了说他完成“天台三大部”等大量论著或演讲外，还引铣法师语：“造寺三十六所，大藏经十五藏，亲手度僧一万四千余人，造旃檀、金、铜、素画像八十万躯，传弟子三十二人，得法自行不可称数。”[①]可谓硕果累累。然而，在每个阶段的教育实践中，都可以看到他在自行与化他中的纠结和反思：

1. 慧思门下之发定和代师授习

智顗于陈文帝天嘉元年（560年，23岁）入光州（今河南光山县）大苏山，拜慧思为师。慧思对智顗大为赞赏，称是“昔日灵山，同听《法华》。宿缘所追，今复来矣”，并为其“示普贤道场”，“说四安乐行”。这是智顗正式学习《法华经》的开始。此后，他精进修学，“昏晓苦到，如教研心……切柏为香，柏尽则继之以粟；卷帘进月，月没则燎之以松。息不虚黈，言不妄出”，经二七日，诵至《药

① 灌顶：《隋天台智者大师别传》，《大正藏》第50册，第197页下。

王品》，而得“寂而入定，持以静发”，照了《法华》，达诸实相，又得思师开演，“日夜进功”，以至“宿习开发，焕若华敷”。《别传》中，思赞他为“于说法人中最为第一”，因而“思师造金字《大品经》竟，自开玄义，命令代讲。是以智方日月，辩若悬河，卷舒称会，有理存焉”[①]。这是智顗大师第一次登上讲台，因在老师门下代讲，故也可谓教学实习。是时，按照思师的判断，其“所入定者，法华三昧前方便也；所发持者，初旋陀罗尼也”。在讲述中，“三三昧及三观智”，还是需要慧思把关的，而且，慧思对智顗义理的理解大为赞赏，却又指出存在着“定力少”的弱点。换句话说，智顗在讲经说法化度他人上颇有建树，但在自行禅修上还有所不足。

2. 初期金陵传法

陈废帝光大元年（567），智顗三十岁，奉师命与同道法喜等二十七人到陈都金陵弘法，受到道俗两界欢迎。太建元年（569）智顗入住瓦官寺，宣讲《法华经》和《大智度论》，并有意“创弘禅法”，完成《释禅波罗蜜次第法门》，将原有各类禅法组织成严密的禅观体系。从他刚到金陵时的表现看，其禅修的水平和智慧都已经很有建树，讲法也取得了辉煌的成绩。但是，智顗在金陵曾有一个自省：“昔南岳轮下及始济江东，法镜屡明，心弦数应。初，瓦官

① 灌顶：《隋天台智者大师别传》，《大正藏》第50册，第192页上。

四十人共坐，二十人得法。次年，百余人共坐，二十人得法。次年，二百人共坐，减十人得法。其后途众转多，得法转少，妨我自行化道。可知群贤各随所安，吾欲从吾志。蒋山过近，非避喧之处。闻《天台地记》称有仙宫，白道猷所见者信矣；《山赋》用比蓬莱，孙兴公之言得矣。若息缘兹岭，啄峰饮涧，展平生之愿也。”[①]可知，他深深地感受到了化他的规模和效果之间的非正相关并明确意识到化他对自行的负面影响，这是他离开金陵的一个重要原因。

3. 华顶降魔后金陵弘法、荆州传道

陈宣帝太建七年（575），智顗与慧辩等二十余人，入天台山隐居，实修止观。在天台期间，聚集途众，昼谈义理，夜习止观。天台九年实修，为之后正式宣讲“天台三大部”打下了坚实的基础。

陈后主至德三年（585），智顗再度来到金陵，开始全面宣弘其圆融教观，受到陈朝君臣的礼遇，并获得了大量的财物供给：“因即下敕，立禅众于灵耀寺。学徒又结，望众森然。”[②]先结缘灵耀寺，后移居光宅寺。在太极殿讲《仁王般若波罗蜜经》《大智度论》。祯明元年（587），在光宅寺详细讲述《法华经》，灌顶听取并记录了全部讲述，后整理成《法华文句》。

祯明三年（589），隋军攻入金陵，陈灭亡。寺院受损，僧众离

① 灌顶：《隋天台智者大师别传》，《大正藏》第50册，第193页上。
② 道宣：《续高僧传》卷第十七《智顗传》，《大正藏》第50册，第565页下。

散。智顗“策杖荆湘”，后止庐山。晋王杨广致书累请，智顗“初陈寡德，次让名僧，后举同学”，“三辞不免”，又提出四个要求，勉而前往。晋王于金城殿设千僧会，请智顗为其授菩萨戒，取法名“总持”菩萨。晋王回送“智者”称号。开皇十二年（592），重返庐山，又赴潭州（湖南湘潭）、南岳，最后来到故乡荆州。开皇十三年（593），为“答生地恩”，在家乡当阳县玉泉山建立寺庙，文帝敕赐寺额，赐号“一音”，后改赐“玉泉”。此后两年时间里，智顗于玉泉寺完成《法华玄义》和《摩诃止观》的讲述。《法华玄义》《法华文句》《摩诃止观》合称“天台三大部”。

据道宣《智顗传》载，“道俗延颈，老幼相携；戒场讲坐，众将及万”[①]。据智顗自述，“荆州法集，听众一千余僧，学禅三百”[②]。

开皇十五年（595），智顗又应晋王杨广所邀到扬州，“江淮道俗，再驰欣戴”[③]，仍住禅众寺，并受晋王委托撰《净名经疏》。

开皇十六年（596）春，智顗回天台，“雅好泉石，负杖闲游”[④]。开皇十七年（597）冬，奉晋王请出山，行至石城寺，“乃云有疾”[⑤]，不久即入灭。时年六十。

---

① 道宣：《续高僧传》卷第十七《智顗传》，《大正藏》第50册，第566页下。

② 灌顶：《国清百录》卷第三《遗书与晋王第六十五》，《大正藏》第46册，第809页下。

③ 灌顶：《隋天台智者大师别传》，《大正藏》第50册，第195页中。

④ 灌顶：《隋天台智者大师别传》，《大正藏》第50册，第195页下。

⑤ 灌顶：《隋天台智者大师别传》，《大正藏》第50册，第196页上。

4.《石城遗书》中的“六恨”

虽然从表面上看，智顗的一生化导无数，而且一直比较顺利。但在其传记和自述中，可以看到他在逗缘化物的过程中，常常有一种勉为其难的感觉。他对“化他”和“自行”间的纠结，在其临终遗言中进一步充分、直接地表达出来：

《国清百录》卷三收录了他在入灭前给杨广的信——《石城遗书》，信中他表达了自己的“六恨”：

其一，“贫道初遇胜缘，发心之始，上期无生法忍，下求六根清净，三业殷勤，一生望获。不谓宿罪殃深，致诸留难，内无实德，外召虚誉，学徒强集，檀越自来。既不能绝域远避，而复依违顺彼，自招恼乱。道退为亏，应得不得，忧悔何补？上负三宝，下愧本心，此一恨也。”

其二，“然圣法既差自审非分。欲以先师禅慧授与学人。故留滞陈都八年。弘法诸来学者。或易悟而早亡。或随分而自益。无兼他之才。空延教化。略成断种。自行前缺利物次虚。再负先师百金之寄。此二恨也。”

其三，“年既西夕，恒惜妙道，思值明时，愿逢外护，初蒙四事，既励朽年。师与学徒四十余，僧三百许，日于江都行道，亦复开怀待来问者。倘逢易悟，用答王恩，而不见一人求禅求慧。与物无缘，顿至于此。谬当信施，化导无功，此三恨也。”

其四，“又作是念，此处无缘，余方或有先因。荆潭之愿，愿报地恩。大王弘慈，霈然垂许。于湘潭功德，粗展微心。虽结缘者众，孰堪委业？初谓缘者不来，今则往求不得，推想既谬，此四恨也。”

其五，“于荆州法集，听众一千余僧，学禅三百，州司惶虑，谓乖国式。岂可聚众，用恼官人？故朝同云合，暮如雨散，设有善萌，不获增长。此乃世调无堪，不能谐和得所，五恨也。”

其六，“既再游江都，圣心重法，令著《净名疏》。不揆暗识，辄述偏怀。《玄义》始竟，麾盖入谒，复许东归。而吴会之僧咸欣听学，山间虚乏，不可聚众，束心待出，访求法门，暮年衰弱，许当开化。今出期既断，法缘亦绝，此六恨也。”[①]

品位	圆教品位名	圆家修	对治
初品	随喜品	圆家慈	法界上嫉妒
二品	读诵品	圆家数息	法界上觉观
三品	说法品	圆家因缘停心	法界上自他痴
四品	兼行六度	圆家不净停心	六蔽
五品	正行六度	圆家念佛停心	（无障可论）

① 灌顶：《国清百录》卷第三《遗书与晋王第六十五》,《大正藏》第46册，第809页下。

“六根”从不同角度表达了自己对“化他”成果的遗憾。不管是听众之根机、社会之时机，还是师生之因缘，在智顗看来，都不尽如人意，反而使得自己修行受损，他在临终自述中感叹“吾不领众，必净六根，为他损己，只是五品位耳”[①]。按《法华玄义》卷五，五品弟子位在十信之前，是圆教之方便[②]，为《法华经·分别功德品》所说[③]，智顗点出了自己对“自行”和“化他”之间终究存在不可两全的遗憾。从其学术经历来说，《法华经》为其“自行”和“化他”兼行的必要性提供了理论基础，而他也正是在阐释《法华经》的过程中展开其教育实践过程，并把自己此生的事业，作为经世累劫修行的一个组成部分。但作为一个现实的修行者，在僧团领众和“自行”之间，依然存在着不可调和的矛盾。这种矛盾，在慧思那里也存在。志磐《佛祖统纪》卷6《慧思传》记载，当年在大苏山，智顗咨询慧思所证是否十地，慧思说：“吾一生望入铜轮，以领徒太早，损己益他，但居铁轮耳。”[④]显然，领徒、领众与自行成果之间，终究存在着明显的隔阂。“化他”和“自行”，也就只能留待久远修行、久远师弟传承才能圆满了。

① 灌顶：《隋天台智者大师别传》，《大正藏》第50册，第196页中。
② 《妙法莲华经玄义》卷第五上，《大正藏》第33册，第733页下。
③ 《妙法莲华经玄义》卷第五上，《大正藏》第33册，第735页上。
④ 志磐：《佛祖统纪》卷6，《大正藏》第49册，第179页上。

从《正法华经》看竺法护的编译

皇学馆大学教授　河野训

一、《正法华经》与《妙法莲华经》的相异点

境野黄洋在比较《正法华经》与《妙法莲华经》《添品妙法莲华经》后，在"《正法华经》与《妙法莲华经》的比较"一文中指出了三者在形态上的相异点。笔者根据境野论文略作归总，则有如下几条。

1.《正法华·药草品》与《添品法华》最后都有譬喻和偈颂（境野称之为三喻分），而《妙法华·药草喻品》没有。

2.《正法华·授五百弟子决品》的开头，有关于"入海采宝"的譬喻和偈颂（境野称为"贫人求宝分"），而《妙法莲华·五百弟子受记品》没有。

3.《正法华·药王如来品》开头有释迦佛的本生谭（境野称为"药王如来化下善盖本生分"），而相当于《药王如来品》的《妙法莲华·法师品》则无此。

4.《正法华》和《添品法华》的《嘱累品》位于最后的第27品，而《妙法华》的《嘱累品》则是第22品，其后还有6品。由此推想《妙法华》中《嘱累品》后的诸品为后添加的，而《正法华》和《添品法华》将《嘱累品》安置在最后，很可能是将其整理后的结果。

5.《妙法华》译出当初并无《见宝塔品》后的《提婆达多品》，总共为27品。现在的加了后补为28品。《正法华》中将相当于《提婆达多品》的内容放在《七宝塔品》的最后说，为27品。但宋元明三本及宫本，在此处变为《梵志品》，成了28品。

6.《正法华·总持品》将陀罗尼译成了汉语，而《妙法华》中则未事翻译，均为音读。

7.《正法华·光世音普门品》和《妙法华·观世音菩萨普门品》均未有重诵偈。而《妙法华》中后补了观音重诵偈，《添品法华》中也有。

8.《正法华·总持品》为第24品，《妙法华·陀罗尼品》在第26品，《添品法华·陀罗尼品》在第21品。

9.《正法华·见宝塔品》中有说能仁佛的偈颂，而《妙法华》和《添品法华》中则均告阙如。

10.《正法华·菩萨从地涌出品》中，对弥勒等四大菩萨的惊叹疑念部分为偈文形式，而《妙法华》和《添品法华》的《涌出品》则为长行。

境野黄洋在列出本文中的10条以外，还指出以下几点。即①序品的“放光瑞”在《妙法莲华》中是“眉间白毫放光”，而《正法华》“面门放光”。②关于“无量义处三昧”,《妙法莲华》中只有“无量义处三昧”的名称，对其意义却没有丝毫说明，而《正法华》中有详细说明。③《妙法华·方便品》中有“十如是”文，而《正法华》却没有。④《妙法华·譬喻品》中关于三车四车的论说不明确，故有三车家和四车家之争，而《正法华》中则比较明确地显示了四车的含义。⑤关于《妙法华·信解品》“长者穷子”的譬喻，相异点一、《妙法华》明确为二人，以喻二乘;《正法华·信乐品》中无有二人之语词，只比于小乘。相异点二、《妙法华》说“除粪”,《正法华》没有“除粪”，而是“调饬车马”。相异点三、《妙法华》中开始的“傍追”（智顗所言一代五时教判的第1）中，见穷子惊愕，长者隐藏了是其父，而是渐次诱导在最后“付业”（同第5）时在国王大臣等人面前告知了两人是亲生父子的关系，而《正法华》中在开始的“傍追”以后，是渐渐使其谅解并接受了父子关系，而不是等到“付业”才告知。相异点四、《正法华》中没有与天台智顗所言“体信”（同第3）和“领知”（同第4）相配的文。相异点五、《妙法华》中与子离别为五十余年，而《正法华》中为二三十年等。⑥《妙法华·药草喻品》的“三草二木”譬喻,《正法华》药草品中有二木、无三草而代之以“三药”譬喻等。⑦《妙法华·化城喻品》的化城，是去到五百由旬的宝处，见导师众倦退，于三百由旬处现化城，而

《正法华·往古品》中是去到五百里的宝处，却在使人遥想到了超过五百里的四千里、八千里处出现化城。此外《正法华》在接下来就说法譬合说。⑧《妙法华·五百弟子受记品》的“衣里宝珠”譬喻，在《正法华·授五百弟子决品》中成了“髻中明珠”譬喻。⑨《妙法华·法师品》中的“五种法师”“十种供养”在《正法华·药王如来品》中不明了。⑩《法师品》中“如来室”“如来衣”“如来座”的“衣座室”三轨，而《正法华》中没有“如来室”，只有二轨。⑪《妙法华·见宝塔品》中“来集诸如来”为释迦的“分身”，《正法华·七宝塔品》中“来集诸如来”则译为“所化”，而不说世尊与诸佛之一体。⑫《妙法华·安乐行品》中说“四法”，《正法华·安行品》“意安乐行”的最后是“溥首、是为三法之行”，以“威仪”为第一法，“礼节”为第二法，“口意行”为第三法，而没有四法之说。⑬天台智顗基于《妙法华·分别功德品》的后半部分而说灭后五品，《正法华》中只有三品，也未说兼行正行二种的六度以及灭后五品。⑭《妙法华·随喜功德品》中有《法华经》中最有趣味且有名的一则譬喻，即“五十展转”，而《正法华·劝助品》中却没有。⑮《妙法华·常不轻菩萨品》如其品名，人物为“常不轻菩萨”，《正法华》常被轻慢品中为“常被轻慢大士”，名字的含义有能所之别。⑯关于《妙法华·如来神力品》，天台智顗说十种神力，《正法华》如来神足行品中则数不足十种，只有五种。⑰《妙法华·如来神力品》与《正法华·如来神足行品》的结要附嘱文有差异。⑱《妙法华》药王菩萨本事品中，日月净明德如来入涅槃后，一切众生喜见菩萨在悲哀之余，意欲供养舍利而有燃臂场面（燃供严臂），《正法华》药王菩萨品中没有燃臂情节，只有燃灯散华等供养。而最后的“地动”和“雨华”二瑞则为《妙法华》中所没有。⑲《妙法华·妙音菩萨品》中的变化现身之数为三十五身，《正法华》妙吼菩萨品为三十身。⑳《妙法华·观世音菩萨普门品》中的菩萨名为“观世音菩萨”，《正法华·光世音普门品》中为“光世音菩萨”。㉑《妙法华·观世音普门品》中的普门示现身之数为三十三身，《正法华》光世音普门品中为二十一身。㉒《妙法华·普贤菩萨劝发品》说善男子善女子成就四法而得法华经，《正法华·乐普贤品》中只说女人以“四事法”得《法华经》。㉓《妙法华·普贤菩萨劝发品》中说六牙白象王，《正法华》乐普贤品中未说白牙白象之相。㉔《妙法华·普贤菩萨劝发品》中说，后五百岁之后，普贤菩萨会现于法华行者之前，《正法华·乐普贤品》中非为后五百岁而是余五十岁。㉕《妙法华·药王菩萨本事品 / 妙音菩萨品 / 观世音菩萨普门品》三品中均出现了“现一切色身三昧”，而《正法华·药王菩萨品》中为“普现三昧”，妙吼菩萨品中为“现入众像三昧”，相同的三昧其译语不同，光世音普门品中无此三昧名称。㉖《妙法华》中对应于一个梵文的译语是统一的，而《正法华》中的译语则不统一。

总之，境野黄洋通过对《妙法华》《添品法华》与《正法华》的比较研究指出了三个文本的种种差异。本文将在此基础上，就《正法华》有而《妙法华》中没有的三处“法譬合说”以及《授五百弟子决品》中“入海采宝”与《药王如来品》中“法供养”比喻来思考竺法护经典翻译的特色。

二、竺法护翻译的编译特征（三处“法譬合说”）

在比较《正法华》和《妙法华》《添品法华》时，会发现《正法华》中有其他两个文本所没有的三处“法譬合说”（比喻的解说）。第一处在《往古品》（《妙法华·化城喻品》）“化城宝处”比喻之后，第二处在《授五百弟子决品》（同五百弟子受记品）“入海采宝”（境野黄洋称之为“贫者求法”）比喻之后，第三处在《如来现寿品》（同《如来寿量品》）“良医病子”比喻之后。此三例中，第一和第三例，在《正法华》和《妙法华》以及梵文诸本中有相同内容的比喻，而《正法华》中更附有对比喻的解说。但第二例的“入海采宝”在《妙法华》以及梵文诸本中是既无比喻也无解说，但《正法华》中却都有。

可见在早期的汉译经典中存在着经文原本就含有注但看起来是经文和注解两者皆有而无法区分的情形，比如安世高的《安般守意经》就是典型的例子。

要考察上文《正法华》中的三个例子是竺法护在译《正法华》时原典就有还是后世将解释部分另行添加进去的，就需要对“谓”

以下语句中所用词汇是否为竺法护译经中的常用语加以确认。据经录等记载，竺法护译出《正法华》的时间为太康七年（286）8月10日，那么首先就要选定那些在此之前译出的、传为竺法护真译的现存的经典[①]。

竺法护《正法华》以前的译出经典中，明显出现了相同的比喻解说（法譬合说）的例子是太康五年（284）译出的《修行道地经》卷七[②]与同六年译出的《慧上菩萨问大善权经》卷上。

第一处的“化城宝处”，在竺法护译经中有大体相同比喻的可见于《修行道地经》卷七，《慧上菩萨问大善权经》卷上也有相近的比喻。前者没有解释，后者则加上了。再看后者《慧上菩萨问大善权经》另外的异译本，即东晋竺难提译的“大乘方便会”和宋施护译的《大方广善巧方便经》，两者均有解释部分，故而可推论竺法护译出时的原典中最初就有解释部分存在。

第二处的“入海采宝”，《修行道地经》卷七中有收录，在比《正法华》晚出且被视为重要经典的《如来兴显经》[元康元年（291）译出]中也有，虽然均有若干语气上的差异。其中后

---

① 关于竺法护的真译和翻译时的判断可见拙著《初期漢訳仏典の研究——竺法護を中心として》（皇学馆大学出版部，平成十八年）第73–88页。

② 《修行道地经》卷七所收的第二十八品至第三十品是将竺法护译的另行本《三品修行经》合于《修行道地经》的结果，被视为是根据《正法华》进行的后补。可参照渡辺泰道《修行道地経と法華経との関係について》（《宗教研究》新第4卷1号，1927）。

者《如来兴显经》中说“一切贫匮则获法珍，便得丰饶无极之财”（T10，600b10–11），此处的表述与《正法华经》中“诸贫匮得到海中大宝珠”的情境相同，应该是根据《正法华》“得如意珠谓获如来无极法身”文句而来。将《如来兴显经》与其异译经典相比较，因其他经典没有如上表述，可知《如来兴显经》的此处承自《正法华》。

第三处的“良医病子”，以良医、良药为题材的比喻与其解释在《修行道地经》中也出现了，只是不如《正法华》的比喻那样富于故事性。

以上的第一、第二、第三，三处比喻中所用词汇的考察结果可参看下面内容，均属于未超出竺法护译语的范围。

第一、《往古品第七》

如来 达到觉悟的佛。由真如而来（作为真理的体现者）教导众生。《持心梵天经》T15，1a29。《如来兴显经》T10，592c4。

五道生死 五道指地狱、饿鬼、畜生、人、天。五种生存方式——五趣。生死是表示流转方式的代表性的词语，《修行道地经》T15，190a1，228b10。

学者 修行者。勤于道者。《须真天子经》T15，106a5。

道慧 《持心梵天经》T15，5a5。《阿惟越致遮经》T9，200b15。《大善权经》T12，159a15。《如来兴显经》T10，608a1。

菩萨行法 菩萨一词常见。“声闻缘觉唯行此法”，《大善权经》T12，159b21。

罗汉 《持心梵天经》T15，29c29。《正法华》T9，69c28。

泥洹 《持心梵天经》T15，4b13。《方等般泥洹经》T12，912a24。《正法华》T9，97a27。

灭度 觉悟的境界。《持心梵天经》T15，4b25。《阿惟越致遮经》T9，

215b2。《如来兴显经》T10，594a15。

无上正真道意 《持心梵天经》T15，3c24。《阿惟越致遮经》T9，224c28。《正法华》T9，100a1。

第二、《授五百弟子决品第八》

经道 法，经典所说之道。《海龙王经》T15，154c12–13。《阿惟越致遮经》T9，202b19。《大善权经》T12，165b7。《密迹金刚力士经》(《大宝积经》卷14）T11，76b3。

权智 为救度众生的权假的智慧。佛为引导众生的卓越智慧，与实智相对。"权慧"，《大善权经》T12，162b24。《修行道地经》T15，228c29。"善权智慧"，《如来兴显经》T10，594c12。

空·无相·无愿 三解脱门。空，指所有的存在（人、法）皆为空。无相，指所有的存在离差别相。无愿，舍去愿求之思的意思。《持心梵天经》T15，4c20–21。《海龙王经》T15，133b18。《修行道地经》T15，211b21。

无极 圆满无上，即佛果（佛之境地)。涅槃的别名。

法身 究极绝对的存在。《修行道地经》T15，229c2。《阿惟越致遮经》T9，224b28。

菩萨道 菩萨践行之道。菩萨具自利利他而达致觉悟之道。《海龙王经》T10，461b20。《德光太子经》T3，413b5。《阿惟越致遮经》T9，204a16。《修行道地经》T15，227c14。《渐备经》T10，461b20。

大意 《阿惟越致遮经》T9，214c8。《密迹金刚力士经》(《大宝积经》卷14）T11，76b6。

无从生 《阿惟越致遮经》T9，202b22。

七觉意 觉意为 Skt.bodhi. 的古译。七觉支的古译。有助于觉悟的七件事之意。因应心的状态，在对存在的观察上归总出来的七点注意和方法。(1）择法觉支。(2）精进觉支。(3）喜觉支。(4）轻安觉支。(5）舍觉支。(6）定觉支。(7）念觉支。《持心梵天经》T15，19c15。《大善权经》T12，160c26。"觉意"，《如来兴显经》T10，593c28。

道教 佛道之教谕。佛之道。《持心梵天经》T15，22b21。《阿惟越致遮经》T9，200c3。《密迹金刚力士经》(《大宝积经》卷13）T11，70b12。

佛道 达致觉悟之道，为使成佛的教谕。《持心梵天经》T15，12b27。《如来兴显经》T10，592c24。

慧士 《决定总持经》(译出年不详)T15，772a4。“慧人”,《修行道地经》T15，229c29。

最正觉 最为殊胜的觉悟，指佛境地。《海龙王经》T15，137a26。《阿惟越致遮经》T9，216b27。《如来兴显经》T10，593a12。

一乘 对应人的资质和能力而有声闻、缘觉、菩萨各自不同的固有实践方法，此为三乘的见解。三乘只是为引导至一乘的手段。《持心梵天经》T15，28c26。《阿惟越致遮经》T9，199a9。《正法华》T9，92c14。

二道 《持心梵天经》T15，27a26。《方等般泥洹经》T12，916b16。

成佛 指各人开启各自的无上觉悟而成为佛。《持心梵天经》T15，32a1。《正法华》T9，81b7。

名号 主要指佛菩萨的名称。《持心梵天经》T15，1c25。《如来兴显经》T10，594b6。

第三、《如来现寿品第十五》

三毒 贪、瞋、痴。《修行道地经》T15，194a27，224b23。《密迹金刚力士经》(《大宝积经》卷8)T11，42c6。

悲哀 《持心梵天经》T15，27c25。《海龙王经》T15，150c16。《密迹金刚力士经》(《大宝积经》卷11)T11，63c22。

三界 指有情所住的世界整体。生死流转的迷妄世界分为三层。《持心梵天经》T15，16c4。《修行道地经》T15，215a8。《如来兴显经》T10，48a22。

五趣 五种生存方式。《持心梵天经》T15，6c20。《渐备经》T10，476b10。

经法 经典所说的教导，经典所说的理法。《持心梵天经》T15，26b6。《海龙王经》T15，136b8。《阿惟越致遮经》T9，223b27。《密迹金刚力士经》(《大宝积经》卷13)T11，69c24。

开化 教导愚痴迷妄的众生。《阿惟越致遮经》T9，199a20。

不退转 不退之位。《持心梵天经》T15，26a25。《阿惟越致遮经》T9，198c14。《如来兴显经》T10，592c27。

无所从生 《阿惟越致遮经》T9，215c21-22。《方等般泥洹经》T12，918a4。《渐备经》T10，476a4。

六十二见 六十二种错误见解。关于自己和世界，偏离佛教正确立场的总称。原本是世尊在世时所提到的对异教徒思想的总结。《持心梵天经》T15，21c1。《海龙王经》T15，150c22。《渐备经》T10，480c4。

据此我们可以确认如下两点，《正法华》以前的竺法护经译中，一是已经在使用《正法华》比喻解释部分的词汇；二是已存在包含相同内容比喻和解说的经典。

接下来我们考察其他《法华经》经典中所没有的“入海采宝”比喻，分析竺法护是以哪部经典为依据加到《正法华》中的。首先，我们认为竺法护应该是知道有类似比喻存在的，而且因为是以加上了解说的法譬合说形式译出，故而《正法华》中的是仿照。不特如此，我们看竺法护能在介于经典翻译之间自由融通经文，可见如上述推论那样，竺法护是沿用了《正法华》的经文而补足了《如来兴显经》。

再者，从第一到第三例比喻所呈现的情况来看，竺法护是认可施加解说这种翻译方法的。当时已流行加了解说的后汉安世高译本，吴康僧会的《六度集经》中也同样如此。就竺法护自身而言，不论《慧上菩萨问大善权经》《正法华》以及《生经》中的比喻解说在原典中是否存在，至少在翻译时是译出了加了解说的经典的。此外，由以上分析虽然不能确认第二例“良医病子”比喻的译出情况，但《正法华》中所见的比喻解说是在翻译时就存在的，是属于竺法护的真译。换言之，此种解释性的汉译正是竺法护经典翻译的特色，体现了其独特的经典翻译态度。

三、《正法华》特有的比喻

下面考察《正法华》经文中增广后的《药王如来品》(《妙法华・法师品》)的“法供养”和《授五百弟子决品》(同《五百弟子受记品》)中“入海采宝”的比喻。后者正是上文法譬合说中提到的比喻本体。

(一)《药王如来品》的“法供养”

关于《正法华》“法供养”比喻的源头,曾有人指出可能来源于《维摩经》的《法供养品》[①]。此处应该也是竺法护在翻译时原典中没有而被后加上的内容。

《维摩经》由全十四品构成,最后的《法供养品第十三》与《嘱累品第十四》的内容,说的是佛世尊对前十二品维摩居士所说予以承认并将其流通付嘱弥勒,以及命阿难来受持。

《维摩经・法供养品》的作用和地位非常明确,其中的药王如来和月盖王子关于“法供养”的问答,有如下经文:

---

① 塚本啓祥《インド社会と法華経の交渉——dharma-bhāṇakaに関連して》(坂本幸男編《法華経の思想と文化》,平楽寺書店,1965 年)第 31–66 页。近年前川健一在《〈正法華経〉〈薬王如来品〉について——竺法護編入説の検討を中心に》(《清泉女子大学人文科学研究所纪要》第 36 号,2015 年 3 月)一文中认为,(此处)不应只认为是竺法护的编入,而是“原本药王如来本生谈是在《法师品》的位置,但后来因其名而受到启发,在药王菩萨说法部分插入了有关法师的教说,更在其后将编入的部分又放至前面,然后删掉了药王如来本生谈。”

若闻如是等经、信解、受持、读诵、以方便力、为诸众生、分别、解说、显示、分明、守护法故、是名法之供养。（鸠摩罗什译《维摩诘所说经》T14，556c3–6）

接下来又说于诸法，修行是最高的法供养。《维摩经·法供养品》最后佛世尊教谕释提桓因（帝释天）要行法供养，在要供养于佛的地方结束了经文。

那么，《正法华》中《药王如来品》的位置又是如何安排的呢？

在考察《正法华》之前，我们先来看相当于《正法华·药王如来品》的《妙法华·法师品》。如果明白了《法师品》在《妙法华》中的位置，在通观《法华经》的成立史时，就能知道《法师品第十》的成立比相邻的《授学无学人记品第九》相当晚出[①]。从经文内容看，一直都是由历史上的佛弟子直接担任问话的角色，而到了《法师品》却突然变成药王菩萨登场，这点与之前大有不同。经文此处说，在佛前以及佛灭后，若听闻妙法华经的一偈一句而一念随喜者，可授记“应得阿耨多罗三藐三菩提”。此《法师品》还劝奖要于《法华经》的一偈受持、读诵、解说、书写，要视《法华经》如佛一样去恭敬，要供养华、香、璎珞、抹香、涂香、烧香、缯盖、幢幡、衣

① 参照布施浩岳《法華経成立史》（大東出版社，1967年。初版1934年）。日本学界大致上赞同布施浩岳的观点。关于《法华经》的成立史，可参照胜吕信静《法華経の成立と思想》（大東出版社，1993）第5–19页。此外，日本研究者关于《法华经》的成立，伊藤瑞叡《法華経成立論史——法華経成立の基礎的研究》（平楽寺書店，2007）有详细论述。

服、伎乐而合掌恭敬。

这点在除去药王如来和善盖王子对话的《正法华·药王如来品》部分也是大致相同的情形。那么竺法护是着眼于《维摩经·法供养品》的哪一点而将其移至《正法华》的呢？从《正法华》内容的展开和发展来看，接下来需要的是与《妙法华》同为相当于《流通分》的内容。《正法华》在其结尾处正是对《正法华》的受持，经中也说：

> 欲得供养十方诸佛、即当受持正法花经、持、讽、诵、读、宣示一切、分别一乘无有三乘道。（T9，100a8-10）

正是在将要收尾的前一部分，宣说《正法华》各种供养中最为殊胜的“法供养”，将最为经典所重视的法供养部分编入进来。其内在逻辑在于，借用《维摩经·法供养品》中“法供养”的普遍性，通过对其论述而宣说《正法华》更殊胜、更值得重视，达到《维摩经·法供养品》是最适合彰显《正法华》观点的目的。

此外还要注意,《维摩经·法供养品》中的主角为药王如来。《正法华》中的品名确实为《药王如来品》，而《妙法华》中《法师品》（Skt.dharmabhānakaparivarta）应该是原典中就有的品名，其问话的主角是药王菩萨。据此我们有充分理由推测，因为药王菩萨与药王如来偶然的一致性，都拥有“药王”这一共同名称，而成为竺法护将《维摩诘经·法供养品》编入《正法华》的一大契机。

那么竺法护剪切下来编入《正法华》的是否为先出的传为支谦

译的《维摩诘经·法供养品》呢[①]？我们将《正法华·药王如来品》中引用的关于"法供养"的地方与支谦译《维摩诘经》的译文进行比较和对照，会发现两者文本上存在明显的差异，应该是根据不同译者的经本而来，两个汉译本可以考虑属于同本异译。那么竺法护在《正法华》中所采用部分是以什么作为依据的？我们推测很有可能应该是竺法护所译的一系列《维摩经》。仔细查找经录，发现竺法护有《维摩鞊经》的汉译，所以我们认为竺法护是将自己译的《维摩鞊经·法供养品》截取后编入《正法华·药王如来品》，这种推论可信度应该很高[②]。而且《正法华·药王如来品》"法供养"的记述中没有附加的偈，若依据《出三藏记集》的记载，竺法护曾有一卷《删维摩鞊经》作为译出的逸偈存在过[③]，那么就应该是竺法护连同此逸偈一并移进了《正法华·药王如来品》。《正法华·药王如来品》中有而《妙法华·法师品》中欠缺的关于"法供养"的记述，就应当是竺法护所译的《维摩鞊经》以及《删维摩鞊经》残卷的部分。

---

① 被视为现藏的支谦译《维摩诘经》，小野玄妙（《〈仏書解説大辞典〉别卷仏教経典総論》，大東出版社，1926）曾指出并非支谦译。臼田淳三在《Pelliot3006 番漢文仏典注釈書断片をめぐって ——鳩摩羅什訳以前の維摩経注釈書》（《仏教史学研究》第 23 卷第 2 号，1981）一文中也认为从伯希和写本断片看，现存《维摩经》非为支谦译。

② 前注拙著，第 144–196 页。

③ 《出三藏记集》："删维摩鞊经一卷。祐意谓，先出维摩烦重，护删出逸偈也。"（T55，8c16）

（二）《授五百弟子决品》“入海采宝”的比喻

《正法华·授五百弟子决品》中所见的“入海采宝”比喻亦见于其他种种佛典，只是略有变化。现在我们从词汇和内容两方面来分析。我们要考察《妙法华》和《添品法华》甚至梵文诸本中均没有但却只见于《正法华》的“入海采宝”比喻在汉译诸佛典中的同类比喻中属于何种谱系，进而考察其谱系中是否存在《正法华》“入海采宝”比喻的典据。

“入海采宝”比喻普见于佛传、律、本生经典、譬喻经典等各种佛典，而竺法护译《正法华》的“入海采宝”比喻是基于何者呢。虽然见诸各种佛典，但其中仅是竺法护《正法华》译出以前的汉译本也不在少数。在梳理经录和经序等典籍基础上，我们以确定的和可能的两种情况列出如下《正法华》以前的汉译本[①]。

确定的

吴康僧会译	《六度集经》	第九话[②]
同	同	第三十三话[③]
同	同	第三十七话[①]

① 前注拙著。
② 《六度集经》卷一（T3，4a17 –5a19）。
③ 《六度集经》卷第四（T3，19a11 –24）。
④ 《六度集经》卷第四（T3，19c18 –20b5）。

同	同	第三十九话[①]
同	同	第五十九话[②]
同	同	第六十七话[③]
吴康僧会译	《旧杂譬喻经》	第一喻[④]
失译	《杂譬喻经》	第三十二喻[⑤]
西晋竺法护译	《修行道地经》	(全三十卷中卷一至卷二十七)[⑥]
西晋竺法护译	《生经》[⑦]	

可能的

后汉康孟祥译	《兴起行经》卷上	木枪刺脚因缘经第六[⑧]
吴支谦译	《撰集百缘经》	五百弟子商客入海采宝缘[⑨]
同	同	斋惰子难陀见佛缘[⑩]

---

① 《六度集经》卷第四(T3,21a9 - c7)。

② 《六度集经》卷第六(T3,33b24 - c14)。

③ 《六度集经》卷第六(T3,36a29 - b27)。

④ 《旧杂譬喻经》卷上(T4,510b7–511a3)。

⑤ 《杂譬喻经》卷下(T4,510a18–b2)。

⑥ 《修行道地经》卷第三(T15,190c22–24)。

⑦ 《生经》卷一(T3,75b19–76a12)。《生经》的译出年代据《历代三宝纪》为太康六年(285),在太康七年(286)译出的《正法华》之前。但基于《三宝纪》记述内容的可信度不高,《生经》也可能在《正法华》之前译出,但没有支持此推论的材料。虽然成立的前后不明,但并非两经之间就完全没有关系。

⑧ 《兴起行经》卷上(T4,169c1–170a28)。

⑨ 《撰集百缘经》卷一(T4,204b24–205a12)。

⑩ 《撰集百缘经》卷一(T4,204a6–b23)。

失译　　　　《大方便佛报恩经》[①]

以上所列的经本中译文没有完全一致的情形，因此有必要去考虑构成“入海采宝”比喻的题材，进而寻找与其最为近似的经典。

在各种梳理后发现，《旧杂譬喻经》与《杂譬喻经》中只出现了“入海”“入海采宝”的词语。而《六度集经》第三十七话与五十九话中，“马王”的登场是其最大主题，但《正法华》中没有此主题。第六十七话说“精进”、第三十三话说“守戒”，均与《正法华》不相符合。第三十九话中，说在体会到“银、金、水精和琉璃的四城之乐”后是“铁城之苦”。第九话中，说在“银、黄金和琉璃三城各得到明月珠和神珠，失落后又取回来”。第九话、第三十九话都设定了“四城”或是“三城”的场面，但《正法华》中没有出现复数的城。故而《正法华》“入海采宝”的比喻应该属于与上述完全不同的系统。

在上述所列经本中，尤其要对同为竺法护译的《生经》进行格外慎重的比较和分析。两经不同之处最主要的地方首先在于，《正法华》在“如意珠”和“七宝”之间设定了巨大的价值差，而《生经》没有；第二点在于《正法华》没有“如意珠落入大海要吸尽海水”的场面，而《生经》有；第三点在于《正法华》没有出现具体的“五百”这个数字，而《生经》明确提到五百人。

① 《大方便佛报恩经》卷第四（T3，143b27–147a27）。

第一点，《正法华》中承认导师得到的如意珠与随从得到的七宝有明显的差异，随从不满足于七宝而要寻求至上的如意珠。《生经》中虽然提到海中诸龙鬼神承认如意珠的至上性，但随从没有想要进一步得到如意珠的心愿。第二点，如果《正法华》是沿袭了《生经》的话，就没有必要只用《生经》“入海采宝”比喻中的前一半而故意删掉后一半的“如意珠掉落大海要吸尽海水”情节。第三点，《正法华》中是对五百弟子的授记，在此意义上，对五百弟子的前生进行说明的《生经》中，“佛说堕珠着海中经第八”就应该是原样移植到《正法华》中的绝好题材。因此，大家自然就会产生这样的疑问，即《生经》中出海的商人数是五百人的话，《正法华》中出海的贫人数也正好是五百人不就很好么。然而《正法华》却非如此，并未对五百人的数字特别加以规定。

由上可见，无论是译者还是翻译年代，推测诸经中应该与《正法华》关系最为密切的《生经》“入海采宝”比喻，与《正法华》中确实有几处相同的表述，但两者也存在明显的差异，因此推论《正法华》“入海采宝”的比喻并非来自《生经》，而且两者也并非是反向的沿用，两经中“入海采宝”的比喻不具备特别密切的关系。

同时我们也可以看出无论在语汇还是题材上，《正法华》“入海采宝”的比喻并非来源于现存的在此之前的竺法护其他经典。

（张宇红 译）

汉译《妙法莲华经·法师功德品》“六根清净”义及天台智顗的解释

华东师范大学哲学系讲师　赵东明

一、前言

《法华经》[①]在中国佛教中占有极重要的地位，几乎各宗派的大师皆有为其作注疏，例如：东晋·竺道生（355—434）的《法华经疏》、梁·法云（467—529）的《法华义记》、三论宗吉藏（549—623）的《法华玄论》与《法华义疏》、律宗道宣（596—667）的

① 《法华经》各种不同篇幅的梵文写本大约有30多种，近世从三个不同的地方被发现，因此分别以发现地来命名：1. 是尼泊尔本（Nepalese Manuscripts），英国驻尼泊尔公使 B. H. Hodgson 于 18 世纪前半发现。2. 是基尔基特本（Gilgit Manuscripts），又称克什米尔本（Kashmir Manuscripts）。3. 是喀什写本（Central Asian Manuscripts），学界又称为“中亚写本”（Central Asian Manuscripts）。杨富学：《论所谓的“喀什本梵文〈法华经〉写卷”》，《中华佛学学报》第七期（台北：“中华佛学研究所”，1994 年 7 月），第 74–93 页。引见网址：http://sdp.chibs.edu.tw/version1/sdp_intro/refsdp_E/refsdp–006.htm）。另参考：蔡耀明《吉尔吉特（Gilgit）梵文佛典写本的出土与佛教研究》，《正观》第十三期（南投：正观杂志社，2000，1–125）。

《法华经观》、法相宗窥基（632—682）的《法华玄赞》、天台宗荆溪湛然（711—782）的《法华五百问论》、宋代华严宗戒环（生卒年不详）的《法华经要解》等。[①]

而中国佛教天台宗的开创者智顗（538—597），还为之讲解，而成所谓的“法华三大部”（天台三大部）：《法华玄义》《法华文句》《摩诃止观》，又因天台宗的教义以《法华经》为主，故又称“法华宗”。而连对教理不甚重视、自言不立文字的禅宗，在惠能（638—713）所说的《坛经》中都有关于《法华经》的记载。[②]可见得此经在中国佛教中之地位。除了对中国佛教各宗派的影响之外，《法华经》也是广传于民间的一部经典。道宣（596—667）在《妙法莲华经弘传序》一文中即云：“自汉至唐六百余载，总历群籍四千余轴，受持盛者，无出此经。”[③]可知此经在中国佛教史上之影响力。

据唐智升（生卒年不详）在《开元释教录》（开元十八年，730年撰）卷十四的记载，《法华经》“前后六译，三存三阙”[④]。《法华

---

① 吴汝钧：《附录：〈法华经〉思想要义》，《法华玄义的哲学与纲领》，台北：文津出版社，2002年，第236页。

② （唐）法海集：《南宗顿教最上大乘摩诃般若波罗蜜经六祖惠能大师于韶州大梵寺施法坛经》，《大正藏》第48册，第342页下。

③ （姚秦）鸠摩罗什译：《妙法莲华经》卷一；引见《大正藏》第9册，第1页下。

④ （唐）智升：《开元释教录》卷十四，《大正藏》第55册，第629页上。关于《法华经》的“六译”是：1.（吴）支强良接译：《法华三昧经》六卷（256年）；2.（西晋）竺法护译：《萨芸芬陀利经》六卷（266年）；3.（西晋）竺法护译：《（方等）正法华经》十卷（286年）；4.（东晋）支道根译：《方等法华经》五卷（335年）；5.（姚秦）鸠摩罗什译：《妙法莲华经》七卷（406年）；6.（隋）阇那崛多、达摩笈多合译：《添品妙法莲华经》七卷（601年）。其中，3、5、6存，而1、2、4已经散佚；这便是智升所谓的“三存三阙”。

经》的经名梵文是 Saddharma-puṇḍarīka sūtra，此名西晋竺法护（生卒年不详）于太康七年（286）所译称为“正法华经”，而鸠摩罗什（344—413）则译为“妙法莲华经”（后秦弘始八年，406 年）。Saddharma 译为“正法”较近于此语之原意，罗什译“妙法”应是意译；[①]puṇḍarīka 在莲华中，特别是指白莲华，故此经名，可知是喻正法为白莲华的。[②]因白莲华是莲华中最微妙香洁的，故应是表一切教法中最殊胜。然而，其实在经文中并未出现白莲华之名，故此白莲华之譬喻颇令人费解。[③]

而本文研究的主题，“六根清净”一词，最有名出处，在鸠摩罗什汉译的《妙法莲华经·法师功德品》中是这样描述的：

> 尔时佛告常精进菩萨摩诃萨：若善男子、善女人，受持是《法华经》。若读、若诵、若解说、若书写……以是功

---

① 杨惠南：《智顗对秦译〈法华经〉的判释》，《台大佛学研究中心学报》第二期（台北：台大佛学研究中心，1997），第 12 页。

② 刘永增翻译：《梵语〈法华经〉及其研究》，引见网址：http://big5.xjass.com/mzwh/content/2011-07/18/content_202503.htm.

③ 平川彰：《大乘佛教的法华经位置》。文中提到在经文中，并无白莲华之文，而罗什译本第十五品《从地涌出品》中曾提到“……此诸佛子等，其数不可量；久已行佛道，住于神通力。善学菩萨道，不染世间法；如莲华在水，从地而踊出”。（姚秦）鸠摩罗什译：《妙法莲华经》，《大正藏》第 9 册，第 42 页上。其中的“莲华”一语，是“赤莲华”。故为何以白莲华为喻？是令人难以理解的。平川彰：《大乘佛教的法华经位置》，林保尧译。收入《法华思想——中国佛教经典宝藏精选白话版（57）》（台北：佛光文化事业，1998）第 38-39 页。

德庄严六根，皆令清净……[1]

经文中说到，因为受、持、读、诵、书写《法华经》的功德，可使父母所生之六根（如肉眼等），具备天眼、天耳之类的不可思议功能。天台智𫖮即根据此义立其圆教修证位次之“六根清净位”。

此外“六根清净”这一词，在《法华经·法师功德品》的下一品《常不轻菩萨品》中亦有出现：

即得如上眼根清净、耳、鼻、舌、身、意根清净，得是六根清净已……更增寿命二百万亿那由他岁，广为人说是《法华经》。[2]

此二段经文，所显示的“六根清净”义，应有二个层次。一、是就修行之因的受、持、读、诵《法华经》的清净、净化六根而言；二、是指修行所证的果位而言。

关于此修行果位，世亲（Vasubandhu，约公元400—480年）批注《法华经》之著作《妙法莲华经忧波提舍》说得很清楚：

此得六根清净者，谓诸凡夫以经力故，得胜根用；未入初地菩萨正位，此义应知。如《经》以父母所生清净肉眼，见于三千大千世界如是等故。又六根清净者，于一一根中，悉能具足，见色、闻声、辨香、别味、觉触、知法，

① （姚秦）鸠摩罗什译：《妙法莲华经》卷六，《大正藏》第9册，第47页下–48页上。

② （姚秦）鸠摩罗什译：《妙法莲华经》卷六，《大正藏》第9册，第51页上。

诸根互用，此义应知。[1]

引文说到《法华经·法师功德品》之“六根清净”是指一种凡夫因经文功德力庄严之故，所得到之“未入初地菩萨正位”的果位。并且此果位，可以使六根互相运用其各各不同之感官能力，使一一感官之能力具足于任何一根中。这种证得特殊果位的说法，应是“六根清净”的涵义之一。

以下，笔者将分别对“六根”和“清净”这二词进行探析，以期能更明白“六根清净”的涵义。

二、关于汉译《妙法莲华经·法师功德品》中的“六根清净”一词

（一）“六根”

“六根”一词，在《妙法莲华经·法师功德品》中的梵文是 ṣaḍ-indriyāṇi[2]；“六根”一般又译作六情[3]、六内入处，泛指六种感觉器

---

① ［天竺］世亲著，（后魏）菩提留支、昙林等译：《妙法莲华经忧波提舍》卷下，《大正藏》第 26 册，第 10 页上。

② 幸嶋静志：《妙法莲华经词典》（東京：创価大学·国际仏教学高等研究所，2001）第 165 页。幸嶋静志所采用的梵文原本为 Kern，H. and B. Nanjio 于 1908–1912 年之校刊本。

③ “六情”为鸠摩罗什于《中论》《大智度论》的翻译词。印顺曾说：“六情，理应译为六根。什公却译做六情。情是情识，这是因为六根与六境相涉，有生起六识的功能。”释印顺《中观论颂讲记》（台北：正闻出版社，1993）第 42 页。

官，或认识能力。“六根”，为生命体之认识器官，之所以称为“内入处”，是相对于外在的现象世界而言，意即外在世界，通向内在认识主体的入口处。

此六根在部派佛教时期又归属于十二处之内六处，十八界之六根界；并将之区分成“胜义根”（感官能力或神经系统）与“扶尘根”（感官器官，如眼球）。[①]“六”，梵语 ṣaḍ，乃数量值。“根”，梵语 indriya 之意译，原意为属于、适合于因陀罗神（梵 Indra，巴利 Inda，为婆罗门教雷雨之神，系诸神中最高位者），或因陀罗神之朋友辈之意；又指因陀罗神之力量、支配及伟大的行为；后引申指器官、感觉、机能、能力之意。[②]而在中文中，“根”字有根本、根源之意；将 ṣaḍ-indriyāṇi 翻作六根，实是意味着，此六者为吾人行为造作与认识外界的根本器官或根源处所。

然此“六根”一词中的“根”一字，在早期佛学（Early Buddhism）中几乎一致地使用 saḷāyatana 而非《法华经》中的 indryia。这是由于《奥义书》中一贯地使用 indryia 一字用于解释其以主体者（即自我 ātman）为中心导向之立场。其目的在于藉以说明恒常的本质的自我即是梵（Brahman），它即是唯一的实在

① 张瑞良:《蕴处界三概念之分析研究》,《台湾大学哲学论评》第八期（台北：台湾大学哲学系，1985）第 115 页。

② 荻原云来编纂，叶直四郎监修:《梵和大辞典》上册（台北：新文丰出版公司影印，1979）第 229 页。

（Reality），而一切的知觉及活动均受制于自我的状态，唯有超越此状态才能认知此唯一之实在。但早期佛学中“saḷāyatana”是由以非主体者（无我）为中心导向之立场探究六入与其客体之密切关系，用以说明其无常及渴爱如何产生；其目的在于认知人是非恒常及非本质的存在。[①]

（二）“清净”

“清净”一词在《妙法莲华经·法师功德品》中的梵文为prasādavatī。[②]而一般出现在佛典中的“清净”一词，梵语有śuddha，viśuddha，pariśuddha（巴利语suddha，visuddha，parisuddha），音译为：毗输陀、输陀、尾戍驮、戍驮，略称净，或作梵摩（梵brahma，巴利语同）。[③]此“清净”一词，至唐玄奘（602—664）翻译佛典时，应已脱离中国传统语词之概念，而成为佛教的专门术语。以玄奘所译之《大般若经·第二会》为例，其“清净”一词的梵文原文约可分为四类：1. 指经由感官所感受的洁净或愉悦可乐的状态。2. 是指

---

① 林煌洲：《古奥义书（Upanisads）与初期佛学关于人的自我（Self）概念之比较与评论》，《佛学研究中心学报》第五期（台北：台大文学院佛学研究中心，2000）第11–13页。

② 幸嶋静志：《妙法莲华经词典》（东京：创価大学·国际仏教学高等研究所，2001）第206页。

③ 释慈怡主编：《佛光大辞典》（高雄：佛光大藏经编修委员会，1988），第4667页。另慧琳《一切经音义》亦言：“梵行，凡泛反，梵言梵摩，此云清净，或曰清洁，正言寂静。”（唐）释慧琳：《一切经音义》卷第五十九，《大正藏》第54册，第698页下。

出离贪、瞋、痴等烦恼垢染的离垢状态。3. 为修习般若空智所达至的诸法不可得的无执着状态。4. 指非理智思维所能达至的身心澄澈光明之境界。[①]

若模拟于《大般若经·第二会》这 4 种分类，则《妙法莲华经·法师功德品》的“清净”（prasādavatī）一词，应是接近于上述第 4 种意趣之清净。也就是指一种经身心之极深刻的修行所显发的光明澄澈之境界。而这也颇符合《法师功德品》中因“六根清净”而有的诸如以父母所生肉眼而具天眼的功能之类的不可思议功德。

而“清净”一词，纯就中文语词来看，在非佛典的中文文献中，最早出现的地方，可能是《战国策·齐策四》颜斶说齐王所言：“晚食以当肉，安步以当车，无罪以当贵，清净贞正以自虞。”[②]此是形容一个人的人格清净、正直、不纷扰之意；此字意正好符合梵文“清净”一词所代表的人格行为。然佛教初传中国时期，能影响佛经翻译语词使用“清净”这一语汇，按理应是和佛教思想较相近的黄老思想之典籍。《吕氏春秋·审分览》中描述黄老思想言：“故至智弃智，至仁忘仁，至德不德。无言无思，静以待时，时至而应，心暇者胜。凡应之理，清净公素，而正始卒。”[③]《史记·太史公自序》描

① 蔡耀明：《〈大般若经·第二会〉的严净 / 清净》，《台大佛学研究中心学报》第四期（台北：台大文学院佛学研究中心，1999）第 15 页。

② 《文渊阁四库全书·史部·杂史类·战国策》卷十一，第 8 页。

③ 《诸子集成——吕氏春秋》卷十七（台北：“中华书局”，1992）第1065页。

述老子亦言："李耳无为自化，清净自正；韩非揣事情，循执理。作'老子、韩非列传'第三。"[①]这些关于道家或黄老的思想词汇，皆可形容人之行为状态，这或许都很有可能是佛教初传时期将梵语śuddha、viśuddha、pariśuddha等词翻译成"清净"这一中文语词的思想源流。

然《老子》第45章中："大成若缺，其用不弊。大盈若冲，其用不穷。大直若屈，大巧若拙，大辩若讷。躁胜寒，静胜热。清静为天下正。"[②]出现的中文语汇却是"清静"，而非"清净"二字。若对比上述所引黄老之言，则这种情形很可能是佛教未传入前，古人将"清静"与"清净"二词视作同意或相类似之故。关于这点，清代桂馥（1736—1805）在《说文解字义证》中曾说：

> "净"：鲁北城门池水，从水争声……
>
> 后人以"静"字省作"净"，音才性切，而梵书用之。自《南》《北史》以下俱为才性之净，而鲁之争门不复知矣……[③]

《说文解字》说到"净"字原是指鲁国北城门的池水。桂馥以为古"净"字原是"静"的省称，这或许可看出"净"与"静"二字

① （西汉）司马迁：《史记》卷一百三十，《太史公自序》第七十（台北："中华书局"，1992）第3303页。

② 《诸子集成——老子》第45章（台北："中华书局"，1992）第53页。

③ （清）桂馥：《说文解字义证》（上海：齐鲁书社，1987）第944页上。

的渊源。而且自梵书（即佛典或印度典籍）使用"净"字后，原本为鲁国北城门的池水之意即不为人知。并且自《南史》《北史》之后，古"静"字即为"净"字所取代。

（三）汉译《妙法莲华经·法师功德品》"六根清净"的境界

不过，《妙法莲华经》中，却有经由读、诵、解说、书写此经所得之功德，庄严六根，使凡夫由父母所生之六根也能达至清净的说法：

> 尔时佛告常精进菩萨摩诃萨："若善男子、善女人，受持是《法华经》，若读、若诵、若解说、若书写，是人当得八百眼功德、千二百耳功德、八百鼻功德、千二百舌功德、八百身功德、千二百意功德，以是功德庄严六根，皆令清净。是善男子、善女人，父母所生清净肉眼，见于三千大千世界……以父母所生清净常耳，皆悉闻知如是分别种种音声，而不坏耳根……"①

这种藉《法华经》之功德，能让凡俗之肉身与感官也能具有清净功德和不可思议神通的说法，可说是《法华经》的一大特色。关于此六根所具之功德数目，天台智顗以为身、口、意三业之安乐行，有十善（不杀生、不偷盗、不邪淫、不妄语、不两舌、不恶

---

①（姚秦）鸠摩罗什译：《妙法莲华经》卷六，《大正藏》第9册，第47页下–48页上。

口、不绮语、不贪、不瞋、不痴)，一善又有十，十善即成百善；一善中又具十如是（相、性、体、力、作、因、缘、果、报、本末究竟)，故成千善；再乘自行、化他，则共二千；再乘如来室、如来衣、如来座三者，即成六千；再除以受持、读、诵、解说、书写五种法师，即成一根具一千二百功德。又一心具十法界，十界乘十如，则成一百；又再和六尘相乘，即成六百；再乘以定、慧二者，即成一千二百功德。[①]

然而传说智者不知为何眼根仅具八百功德？又听说《楞严经》中有所说明，故拜求《楞严经》祈望此经能早些传至中国。[②]现今天台山国清寺，仍存有智者拜经台之遗迹，此大约是穿凿附会的传说，并不足以为信。然《楞严经》以三世（过去、现在、未来）乘以四方（东、西、南、北)，成十二之数，又以此十二之数变一为十，则成一百二十，再以此一百二十之数变十为百，则成一千二百；故此一千二百之数量即成六根之功德数目。但由于六根之功能与限制不同，故眼、鼻、身三根因感官功能之限制，仅具有八百功德；而耳、舌、意三根则全具一千二百功德。此外，经文还说到，若证得圆通，六根即可互用；即每一根除自身的功能外，亦具备其他诸根之

① （隋）释智顗:《妙法莲华经文句》卷十上,《大正藏》第34册，第139页下。

② 释宣化:《大佛顶首楞严经浅释》(一)(台北：法界佛教总会，1985）第40页。

功能。[①]

所以在《法华经》中，“六根清净”一词应该有二层含意：（一）是就修行而言之防护与收摄六根。（二）是就修行果位而言的一个所证位次。此二层次，一是修行之因，一是修行之果。第一个层含意，已如上说，即上引《法师功德品》之文：“以是功德庄严六根，皆令清净。”此是在因地中，受持、读诵《法华经》，藉此功德来防护、收摄六根，使之遵行律仪、断恶修善，故智顗分此为随喜、读诵、解说、兼行六度、正行六度这所谓“五品”而有“六根清净位”前的“五品位”。而大乘佛教将戒律的范围扩展至摄律仪戒、摄善法戒、饶益有情戒这所谓三聚净戒，依此，六度万行皆是一种戒律；故“六根清净”一词，在《法华经》中应含有戒律行之意义。

而另一层就果报上的含义，见于《常不轻菩萨品》：

> 增上慢比丘、比丘尼、优婆塞、优婆夷，号之为“常不轻”。是比丘临欲终时，于虚空中，具闻威音王佛，先所说《法华经》，二十千万亿偈，悉能受持。即得如上眼根清净、耳、鼻、舌、身、意根清净，得是六根清净已……更增寿命二百万亿那由他岁，广为人说是《法华经》。于时增上慢四众：比丘、比丘尼、优婆塞、优婆夷，轻贱是人，为作“不轻”名者，见其得大神通力、乐说辩力、大善寂

① （唐）般剌蜜帝译：《大佛顶如来密因修证了义诸菩萨万行首楞严经》卷第四，《大正藏》第19册，第122页下–123页上。

力，闻其所说，皆信伏随从……[1]

以上经文之意，应当是以“六根清净”一词，作为一所证之圣位或境地。而且，证得此种境界还可在临死前增长寿命；并获得大神通力、乐说辩力、大善寂力，而使其（常不轻菩萨）能讲说《法华经》；让先前嘲讽他的人，皆能信服、跟从于他。是以，就修行果报的层次言，此乃是一特殊的果位。所以天台智顗才会有“六根清净位”之判摄。

三、天台智顗判摄圆教之“六根清净位”

（一）智顗之《位居五品》

关于天台宗创始人智者大师所证之果位，智顗的弟子章安灌顶（561—632）所著之《隋天台智者大师别传》提及智者临终前和弟子智朗的一段对话：

智朗请云：“伏愿慈留，赐释余疑！不审何位？殁此何生？谁可宗仰？”

报曰：“汝等懒种散根！问他功德，如盲问乳，蹶者访路，告实何益。由诸怆悢，故喜怒诃赞，既不自省，倒见讥嫌；吾今不久，当为此辈，破除疑谤。《观心论》已解，

① （姚秦）鸠摩罗什译:《妙法莲华经》卷六,《大正藏》第9册，第51页上。

今更报汝，吾不领众，必净六根，为他损己，只是五品位耳。汝问何生者？吾诸师友、侍从、观音皆来迎我。问谁可宗仰？岂不曾闻波罗提木叉是汝之师，吾常说四种三昧是汝明导……”[①]

此中，智者自称因其带领大众修行，为他损己之故，所以只证得“五品位”[②]，若其自己修行，则必定能清净六根。文中提到天台的

① （唐）释灌顶：《隋天台智者大师别传》，《大正藏》第50册，第196页中。

② 清末民初的唯识学泰斗欧阳竟无（1871–1943）在《唯识抉择谈》一文中，曾严厉地批评天台、华严等传统中国佛教，而他批评的论点之一，即是这些大师（他举智者之“五品位”为例）自身未证得圣位，故所说之教法自然不如印度唯识学的创始人世亲、无着等：“自天台、贤首等宗兴盛后，佛法之光愈晦。诸创教者本未入圣位，（如智者即自谓系圆品位。）所见自有不及西土大士之处。而奉行者以为世尊再世，畛域自封，得少为足，佛法之不明宜矣。”转引自：江灿腾：《中国近代佛教思想的诤辩与发展》，台北：南天书局，1998年，第544–545页（原文见：欧阳竟无：《唯识讲义》，台北：佛教出版社，1978年，第14页）。江氏此书并客观地分析、检讨欧阳竟无批评天台学说之观点，而认为其批评流于片面性和武断，见同书，第551页。

但是，牟宗三却有与欧阳竟无完全不同的看法，牟氏除高度肯定天台、华严之外，还极力称赞智顗：“中国佛教中之高僧大德，如智者大师、贤首等，都是大哲学家，像这样高级的大哲学家，放眼西方哲学史，都找不出几个可以相提并论，中国人实在不必妄自菲薄。当时人称智者大师是‘东土小释迦’，是当时人对智者大师有相应的了解，而民国初年，内学院欧阳大师还瞧不起智者大师，说他没登菩萨位。其实智者大师自己说自己是‘五品弟子位’，此位在六即判位中是属‘相似即佛位’，‘相似位’即是‘六根清净位’。在西方哲学史中，我看只有康德近乎六根清净，其他人大抵六根未净，一个人能修到六根清净，谈何容易？大家都称世亲、无着、龙树等印度和尚为菩萨，这是后人对他们客气的称呼，至于他们是否超过六根清净而达到菩萨地位，则很难说。若因智者大师诚实的自判为‘相似位’，就认为智者大师的话不可信，说什么‘台贤宗兴，而佛教之光益晦’，而必以无着世亲为可靠，这种评判标准是没道理的。在修行上，达到六根清净，固不容易，在学理上，能‘判释东流一代圣教，罄无不尽’，何尝不是一大智慧？”牟宗三：《客观的了解与中国文化之再造》，《牟宗三先生全集27：牟宗三晚期文集》（台北：联经出版社，2003）第430–431页。

二个修行位次，一是“五品位”，另一是“六根清净位”。此种修行位次的分法，智顗是依《菩萨璎珞本业经·贤圣学观品》《仁王般若经》《华严经》《法华经》等诸经论，再配以自己之“六即”解释而成。下表为天台智顗的圆教位次表①：

【天台智顗的圓教位次表】

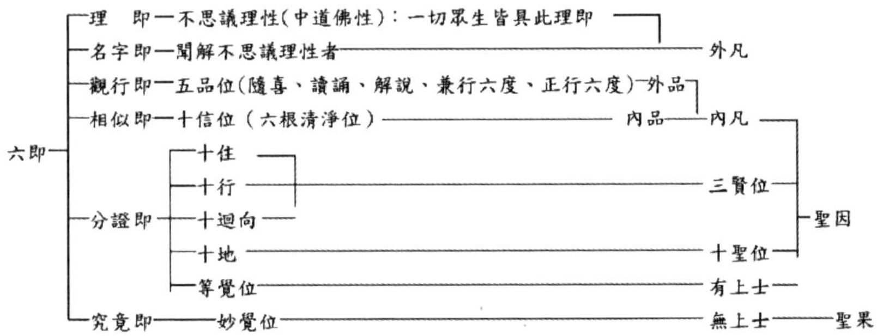

如上表，“五品位”在智顗判摄的圆教中，是属于内凡位之外品。此五品之名称乃取自《法华经·分别功德品》之：1. 随喜；2. 读诵；3. 解说；4. 兼行六度；5. 正行六度。②智顗在《法华玄义》解释圆教“五品位”之《初随喜品》云：

> 今于十信之前，更明五品之位（云云）：若人宿殖深厚，或值善知识，或从经卷，圆闻妙理，谓一法一切法，一切法一法，非一非一切，不可思议，如前所说。起圆信

① 此表参考牟宗三《佛性与般若》下册（台北：台湾学生书局，1983）第921页，以及释静权：《天台宗纲要》（台北：佛陀教育基金会，1998）第140页。

② （姚秦）鸠摩罗什译：《妙法莲华经》卷五，《大正藏》第9册，第45页中–下。

> 解，信一心中具十法界，如一微尘有大千经卷，欲开此心，而修圆行。圆行者，一行一切行，略言为十：谓识一念平等具足，不可思议；伤己昏沉，慈及一切；又知此心常寂、常照；用寂照心破一切法，即空、即假、即中；又识一心、诸心，若通若塞；能于此心具足道品，向菩提路；又解此心正助之法；又识己心及凡圣心；又安心不动、不堕、不退、不散；虽识一心无量功德，不生染着，十心成就。举要言之，其心念念悉与诸波罗蜜相应，是名圆教“初随喜品位”。[①]

此圆教五品位之《初随喜品》的特点为：1. 信一心具十法界；2. 欲开此心，而修圆行；3. 圆行摄为十项，即依序为：（1）观不思议境；（2）起慈悲心；（3）巧安止观；（4）破法遍；（5）识通塞；（6）修道品；（7）对治助开；（8）知位次；（9）能安忍；（10）无法爱。这十者，即为《摩诃止观》中的“十乘观法”。[②]

而此五品之其他品，即在上述观心之十乘观法下，愈趋圆熟。此五品若以义理推论则如藏教之佛果，通教之干慧地位，或是别教

① （隋）释智顗：《妙法莲华经玄义》卷五上，《大正藏》第46册，第733页上–下。

② 蕅益智旭（1599–1655）：《法华会义》：“然欲净六根，须修十乘观法。”（明）释智旭：《法华会义》；《卍续藏》第50册，第353页下（台北新文丰影印版）。

十信位。[1]然实质上，圆教五品位，毕竟属于圆教，和通教之干慧地、别教之十信位，起脚落脚皆不相同，毕竟是不能等同而论的。[2]以下将说明天台圆教之“六根清净位”。

（二）天台圆教“六根清净位”

关于天台圆教“六根清净位”，智顗是借用《法华经·法师功德品》关于读诵《法华经》之功德能庄严六根使之清净之文（见上述“六根清净”段引文）来发挥的。而所谓的“六根清净位”即是“十信位”，是内凡内品位（见上文之天台宗圆教位次表）。《法华玄义》释此云：

> 一、明十信位者，初以圆闻，能起圆信，修于圆行。善巧增益，令此圆行五倍深明；因此圆行，得入圆位。以善修平等法界，即入信心。善修慈愍，即入念心。善修寂照，即入进心。善修破法，即入慧心。善修通塞，即入定心。善修道品，即入不退心。善修正助，即入回向心。善修凡圣位，即入护法心。善修不动，即入戒心。善修无着，即入愿心。是名入十信位，《璎珞》云：“一信有十，十信有百；百法为一切法之根本也。”是名圆教铁轮十信位，

① （隋）释智顗：《妙法莲华经玄义》卷第五上，《大正藏》第46册，第733页上－下。

② 牟宗三：《佛性与般若》下册（台北：台湾学生书局，1983）第934页。

即是“六根清净”。[①]

上文说明了几点：1. 十信位是由圆闻，而起圆信、修于圆行（此和五品位相同）。2. 五品位之圆行五倍深明，即进入圆十信位（此是因五品由初至五，故说五倍深明）。3. 再用“十乘观法”修心，一种方法，升进一层，即成十信位。4. 此十信位，又名圆教铁轮十信位，即是“六根清净”位。此十信位在《法华文句》中，又称其为十善大心、圆教相似位。[②]

由这里，也可以看出，“六根清净位”和“五品位”是相连结的，若无五品位一品一品地升进修行，是不会进入六根清净位的。而第五品其实即进入“六根清净位”了，关于此，《摩诃止观》云：

> 由观行故，得有相似，发得初品，止是圆信；二品读诵，扶助信心；三品说法，亦助信心；此三皆乘急戒缓。四品少戒急；五品事理俱急，进发诸三昧陀罗尼得六根清净，入铁轮位也。[③]

五品中前三品，皆为乘急戒缓，此因前三品之随喜、读诵、解说，均属于理上之用功（乘属理，戒属事）[④]；至第四品兼行六度，才有事行，故称“四品少戒急”；而第五品正行六度，则理、事兼行，

① （隋）释智顗：《妙法莲华经玄义》卷五上，《大正藏》第46册，第733页下。

② （隋）释智顗：《妙法莲华经文句》卷十上，《大正藏》第34册，第139页下–140页上。

③ （隋）释智顗：《摩诃止观》卷九下，《大正藏》第46册，第128页下。

④ 牟宗三：《佛性与般若》下册，台北：台湾学生书局，1983年，第918页。

故云“五品事理俱急”。

智顗明言自己位居五品，而如上文，“五品位”之第五品，若能发陀罗尼（总持）三昧，即可得“六根清净”。依牟宗三的说法，智顗的《位居五品》是居第五品入“十信位”①，然此位已得“六根清净”，而智顗亦明言未净六根。是以智顗应是未能圆证第五品，只居于五品而已；或是已证第五品，而未能发陀罗尼得“六根清净”才是。

四、结语

《妙法莲华经·法师功德品》中述及的“六根清净”，在中国佛教中是一个重要的概念。此“六根清净”的重要性，就修行的证相而言，应该和涅槃的常、乐、我、净四德以及极乐净土同样令修行人振奋。唐代道宣（596—667）在《妙法莲华经弘传序》中就曾言：

> ……辄于经首，序而综之。庶得早净六根，仰慈尊之嘉会；速成四德，趣乐土之玄猷；弘赞莫穷，永贻诸后，云尔。②

在对中国佛教思想影响颇大的《楞严》《圆觉》诸经中，都曾出

---

① 牟宗三：《佛性与般若》下册，台北：台湾学生书局，1983年，第969页。

② （唐）释道宣：“妙法莲华经弘传序”,（姚秦）鸠摩罗什译：《妙法莲华经》,《大正藏》第9册，第1页下。

现对"六根清净"的阐释。天台宗更是将《法华经》中"六根清净"的含义，消化吸收后归纳在其圆教修证位次的"十信位"之中。凡此种种皆可见得"六根清净"这一概念的重要性。

而特殊的是，《法华经》中"六根清净"这一状态仍是凡夫的诸根，而不是像天人般，因感官、诸根的构造迥异于人类而有特殊的功能或神通。只是凡夫之六根（如肉眼）可藉由《法华经》的功德力，使之具备类似神通般的功能。所以《妙法莲华经·法师功德品》中所说的"六根清净"并不仅仅是遵行戒律、实行布施、持戒、忍辱等德行，更是因为受、持、读、诵、解说、书写《法华经》，所获得的一种不可思议的果报。这可说是大乘佛经中常常出现的受持、弘扬、流通大乘佛经的果报，然而不同于其他大乘佛经的是，一般大乘经典往往仅提到受持此大乘经的福报如何，或有多少天神、护法护佑等等，而不像《法华经》中提到的受持此经可以使行人以凡夫身具备不可思议的"六根清净"之功德，这是《法华经》的特殊处。

另外，天台哲学着重"具"字[①]，在法法圆融、互摄互具下，言唯色、唯心都有可能。故此种一元论的哲学观念，并非单纯一般

---

① 关于"具"字的重要，宋代天台山家派的四明知礼（960–1028）在《十不二门指要钞》曾云："诸宗既不明性'具'十界，则无圆断圆悟之义，故但得即名，而无即义也。"（宋）释知礼：《十不二门指要钞》，《大正藏》第46册，第707页中。元代天台宗僧人怀则又说："只一'具'字，弥显今宗；以性具善，他师亦知，具恶缘了，他皆莫测。是知今家性具之功，功在性恶。"（元）释怀则：《天台传佛心印记》，《大正藏》第46册，第934页上。

仅将宇宙万象归于一心的唯心主义哲学。所以荆溪湛然在《金刚錍》中言："故一佛成道，法界无非此佛之依正；一佛既尔，诸佛咸然。"[①]即只要能修行成佛，则全体法界都是成佛后的清净依报和正报之意。现象界虽仍有百界千如、三千世间等种种变化，然皆互融互摄于此成佛的清净法界之中。天台哲学可能正是在站此种法法圆融、互摄互具的此立场而如此看重《妙法莲华经》中"六根清净"义的。而这样法法圆融、互摄互具的教说，自然是一种一行一切行的圆教行了。

当然，天台智𫖮的圆教，也正是为了抬高《法华经》之地位，以《法华经》为纯圆至上之教理。关于这点，安藤俊雄教授即以为：

> 总之，由于五时、化仪、化法之判释原则得以明确划分，斯佛教史上卓越的判教体系得以大功告成。自此智𫖮乃将北方地论系所揭示之华严至上说，及南方涅槃系之涅槃至上说，予以完全否定，为新法华至上主义确立其厚实的理论基础。[②]

① （唐）释湛然：《金刚錍》，《大正藏》第46册，第784页下。

② ［日］安藤俊雄：《天台学——根本思想及其开展》，苏荣焜译。台北：慧炬出版社，1998年，第71页。

《法华经》受容在日本的展开

东京大学教授　蓑轮显量

序

传至日本的大乘经典中流传最广的当数《法华经》。净土三部经（《阿弥陀经》《无量寿经》《观无量寿经》）以及《般若心经》等经典也流布甚广，但若以被信众接受程度而论，恐怕无有出《法华经》之右者。自6世纪中期佛教由百济圣明王正式传入日本以来，《法华经》就呈现出多种受容形态。例如，在佛教初传之际，在僧侣们的讲经活动中，《法华经》就是被讲次数最多的经典之一。在朝廷与佛教关系最为密切的奈良平安时期，《法华经》还和《金光明最胜王经》以及《仁王般若经》一道被尊为护国三部经。

然而《法华经》的受容远不止讲经这一种形式。如同《法华经》中也主张“受持、读、诵、解说、书写”（即《法师品第十》中的五种法师行）一样，实际上对《法华经》的受持也呈现出多样化色彩。在平安时代出现的“持经者”就是其中受持《法华经》的典型类型。

在此，本文拟按照历史的顺序，以讲经和受持这两个视点去考察从古代到中世纪初《法华经》在日本社会的受容情形。

一、佛教传来与《法华经》

《法华经》传入日本几乎与佛教正式传入日本是同一时期。据《扶桑略记》卷三引用的药恒《法华验记》说，“百济国献经论二百余卷。此经论中法华同来”（改定《史籍集览》1、33页），这里称《法华经》在577年传入日本。在古代日本，《法华经》是作为灭罪和护国的经典来看待的，而灭罪和护国的根据则源于《法华经》的如下内容，即《提婆达多品》中八岁的龙女与提婆达多自身的成佛，《法师功德品》中眼、耳、鼻、舌、身、意的六根清净，《观世音菩萨普门品》中诵观音名号可以逃过各种灾祸。由此《法华经》具备了与女性相关或是吉祥护国经典的色彩[①]，在圣武天皇敕令全国创建国分寺和国分尼寺时，就命名国分尼寺为“法华灭罪之寺”。

首先可以确认的是，《法华经》早在7世纪初就已成为讲经的对象。《日本书纪》卷22中606年（推古天皇一四）的记事中，有“是岁，皇太子亦讲《法华经》于冈本宫。天皇大喜之，施皇太子播磨

① 《法华经》何以与护国思想之间产生联系，迄今的研究尚无定论。

国水田百町。因以纳斑鸠寺”的记述，此为正史中可资确定的《法华经》讲经说的初例。这里所说的皇太子指的就是圣德太子。近来虽然有人认为“圣德太子”的名号是后代所加因而对其事迹的真实性存在疑问[①]，但考虑到圣德为谥号，其生前是厩户王子的身份，即使多少有夸张的成分，由于朝廷内部确实有深信《法华经》者，所以我认为上述记载的可信度颇高[②]。

7世纪中期到晚期《法华经》的讲经活动虽然很频繁，但遗憾的是留下的记录很少。根据《续日本纪》726年（神龟三）8月的记录，有“太上天皇奉为造写释迦像并《法华经》，设斋药师寺”，又有734年（天平六）以《法华经》做为僧侣得度考试试题的记录，由此可知经文的背诵在当时已成为一种必须的功课[③]。

746年（天平一八）东大寺设立“法华会”。此法华会亦称樱会，

---

① 关于圣德太子最新的研究有：大山诚一《〈聖德太子〉の誕生》（吉川弘文馆历史文化 library，1999。同编集）、《聖德太子の真実》（平凡社，2014，平凡社 library，806）、吉田一彦《仏教の伝来と流通》（末木文美士编《新アジア仏教史 11 日本仏教の礎　日本 1》第一章，佼成出版社，2010）、同《仏教伝来の研究》（吉川弘文馆、2012）。大山、吉田两人认为大多数关于圣德太子的事迹源自8世纪初编写的《日本书纪》。但石井公成对此从正面予以反驳，参见石井公成博客“聖德太子研究の最前線”（http://blog.goo.ne.jp/kosei-gooblog）。

② 蓑轮显量：《奈良・平安仏教における法華思想の展開》（小松邦彰、花野充道编著《法華経と日蓮》系列日莲1，春秋社，2014）。

③ 天平六年十一月二十日太政官符“应令度者暗诵法华最胜两经事”（新订增补《国史大系》“类从三代格前编”，75页）中有“自今以后，不论道俗，所举度人，唯取身才暗诵法华经一部或最胜王经一部、兼解任礼佛、常行三年以上者、令得度者”。

据846（承和一三）年完成的“东大寺樱会缘起”，对其创建时期的情景有如下描写：

> 去时天平一八年丙戌三月，桂畏大雄大圣天皇、孝谦皇帝、仁圣太后奉为，庄严堂阁、罗列幡盖、敷设法筵、崛请名僧，开方便门示真实相。
>
> （筒井英俊编：《东大寺要录》卷八，杂事章，295页）

由此记述可知东大寺的法华会始自746年，以后也一直连绵不断（宝龟年间曾中断）。又据记载，法华会从嘉祥年间（1106—1108）开始就停止招请他寺的僧侣，一概由东大寺本寺僧人来经办。

此外还有“此会每年无怠。当时别当僧都观深，嗟而始讲开结二经。自长历二年戊寅始，更延一日副讲此经，始终相具，致勤五日九坐”（同上298页）。

可见从此记录开始到1038年（长历二）皆为四日讲经的形式，此后改为五日九坐。由此可推测原先有不讲开结二经的模式，1038年以后才开始讲开结二经和《法华经》，此即所谓的“御八讲”形式。但五日九座的情况就不甚明了了。因为若是法华十讲，就应是十座。也许是加上了开结二经，也许九是十的误写。总之在东大寺《法华经》是一部重要的讲经经典。

到了748年（天平二〇）7月，有为供养太上天皇冥福而书写《法华经》千部的记录，此即后来“法华千部会”的雏形。又据《唐大和上东征传》记录，天平宝字年间来日本的鉴真所传持典籍中，就包含有天台三大部（《法华玄义》《法华文句》和《摩诃止观》）[①]。此后，《法华经》作为天台宗典籍的重要性愈益显著。总之在奈良时期，《法华经》作为一部重要经典被人们所接受。

在藤原氏家寺的兴福寺也定期举办法华会。据《公事根源》（一乘兼良于1423年左右完成），“九月三〇日起七日间，南园堂开妙法大会。此为十月六日长冈大臣内麿忌日举办。闲院赠太政大臣冬嗣公为此大臣哲嗣，始乃为父行”（94—95页），可知此法会是藤原冬嗣（775—826）为其父藤原内麿（756—812）所举办。

又据《释家官班记・下》记载，“法华会。弘仁八年闲院左大臣冬嗣、为先考长冈大臣内麿于兴福寺而修”（《群书类从》本、46页下），此即817（弘仁八）年的事。兴福寺的学僧作为讲师设置了研学竖义的五人体制[②]，后来又追加了三论宗的竖义二人。这里，兴福寺法华会作为一个法相宗的寺院而举办的法华会自有其重要意义[③]。

可见在奈良时代已经出现了《法华经》讲经的盛况，而到后来，起到推波助澜作用的是平安时代初期（桓武朝）的政策以及最澄开

---

① 《唐大和上东征传》：“天台止观法门，玄义文句各十卷，四教仪十二卷。次第禅门十一卷”（大正五五，九九三上）。

② 研学竖义是指兴福寺的竖义。首先由竖者立义，然后由已讲就此提问，最后由探题检验合题与否进而反转。兴福寺研学竖义的记录相传有《维摩讲师研学竖义次第》，是自齐衡二年（855）至宽元二年（1244）间将兴福寺维摩会次第以编年体形式所记录的卷子本。

③ 法华会以天台宗举办的为最有名，但法相宗、三论宗和真言宗也会举办。参照大岛熏《〈花文集〉解题》（阿部泰郎・山崎诚编集《真福寺善本丛刊》第二卷，2000）。

创日本天台宗这两件事。桓武帝规定，升迁的律师、僧都和僧正的人选必须由法华会的听众和讲师中甄选[①]，由此形成了皇室重视法会的传统。

下面从教理方面来考察《法华经》在日本天台宗中的展开。众所周知，天台宗成立于中国，创始人据传为慧文（生卒年不详）和南岳慧思（511—577），而实际上的祖师是智顗（538—597）。智顗曾活跃于中国天台山的国清寺以及荆州玉泉寺。智顗创五时教判，将释迦一代教义判为华严、阿含、方等、般若、法华和涅槃的五时，并奠定了在释迦所说的经典中最重视《法华经》的立场。其门人章安灌顶（561—632）担任笔录的《法华玄义》《法华文句》和《摩诃止观》后来被视为天台三大部，成为天台宗的基本典籍。这也是以《法华经》为中心成立的信仰。虽然最澄基本上也是沿袭了上述立场，但因最澄生活的时代密教已发展为不容忽视的存在，因而日本天台宗从最澄起，就不得不关注《法华经》与密教经典的关系。最澄的基本立场是以《法华经》为中心的圆密一致。

天台宗也重视止观，即重视对“心”的观察。我们在《修习止观坐禅法要（童蒙止观）》《六妙法门》和《摩诃止观》等著作中可以看到天台宗这一传统。“止”行中的“半行半坐三昧”中有“方等三昧”和“法华三昧”，而“法华三昧”也成为法华忏法的通称。由

① ［日］上岛享：《中世前期の国家と仏教》(《日本史研究》403号，1996)。

此可以看出，《法华经》不仅从教理的角度而且从“行（实践）”的角度被重新诠释。在日本，重视“常行三昧”和“半行半坐三昧”的倾向是从圆仁时期开始的[①]。

二、平安时代的《法华经》讲经

鸠摩罗什译《法华经》一部八卷，故而对《法华经》的讲经活动称为“法华八讲”或是“御八讲”。据中世成立的《元亨释书》记载，最早的“法华八讲”是大安寺僧勤操等八人为友人荣好之母作追善法事的讲经。据记载，勤操隔壁住着僧侣荣好，荣好为赡养住在寺院附近的母亲，常会遣童子为母亲送食物。有一天荣好突然病逝，勤操就代而备食吩咐童子继续去送。可是有一天勤操因饮酒而导致童子送食去晚了，情急之下不得不告诉荣好母亲真相。荣好母亲悲伤过度，不久也离开了人世。勤操未能替荣好完成好代为赡养其母一事，遂发愿“欲荐冥福而行供养，我等八人分《法华》八卷，逢媪忌日各讲一卷而为追荐”。勤操于是邀七位友人，“设四日二座讲席修之”，“名曰法华八讲会。时延历十五年”（《大佛全》101，165 页上），这可以说是“法华八讲”之始。此事发生在公元796 年（延历一五）。此后“十讲三十讲、相次而出”。若此记录足

① ［日］大久保良竣：《天台学探尋——日本の文化・思想の核心を探る》，法藏馆，2014。

可凭信，那么“法华十讲”“法华三十讲”也应当始于此时，即8世纪末。

除了《法华经》八卷，再加上《无量义经》和《观普贤经》的开结二经，总计十卷，每一卷为一“讲”，所以称为“法华十讲”或曰“十讲”。据《滥觞抄·下》记载，此十讲的滥觞可追溯至桓武天皇的798年（延历十七）11月14日。其中记有“传教大师请七大寺名德十人，始修霜月花会十讲”（《群书类从》26，316页下）。又据《传教大师传》有“十七年冬十一月始立十讲法会”“屈请十大德讲演三部经典”（《传教大师全集》5，7页）等记载，而且延请胜猷等十位大德于“延历二十年十一月中旬（至）比叡峰一乘止观院”开“法华十讲”。因举办当月为11月，此“法华十讲”后来被承继下来且名为“霜月会”。翌年延历二十一年正月又有为“和气广世”而延请十余位大德于高雄山寺讲说天台妙旨的记录。

由此可见，《法华经》每卷各讲的讲经传统大约出现在8世纪末。

三、法华会与御八讲

前文提到大安寺的勤操将《法华经》八卷分为八座讲经的作法，是以后很兴盛的“法华八讲”的滥觞。“法华八讲”又称为“御八讲”，在平安时代到镰仓时代，成为讲经的固定形制。但奈良时期的

《法华经》讲经多以“会”相称，到了平安后期和镰仓时期则多以“讲”来称呼。讲经之后再附加“讲问论义”的话一般就称为“讲”。想必“会”与“讲”这两种称谓的差异就在于是否将重点放在对教理进行探讨的“论义”上。如果不只是讲经，法会重点在论义的就称为“讲”。

总之无论是经典的讲说还是论义，如果没有出家人这样的专门家就无法进行。但另一方面如果没有在家者的支持，事实上也难以进行。因为法会需要在家施主们的积极支持。在古代，朝廷和贵族是法会主要的经济承担者，到了中世，新兴武士阶级成为施主。这里我们要重点介绍文献所记载的平安时代《法华经》讲经的一种形态“劝学会”，以及贵族主办的法华会中的代表性形态“法华三十讲”和“千日讲”。

（一）劝学会

贵族和僧侣共同经营的法会中，尤其以在比叡山山麓举行的劝学会最值得关注。劝学会以汉诗文的创作和佛供养为目的，最早由深受白居易影响的庆滋保胤（931—1002）为代表的大学寮的纪传道同仁以及比叡山僧侣的胜算（939—1011）等人所创设。劝学会最初是在每年的3月和9月的15日举办，以后每年延续，在964年（康保元）到1122年（保安三）的150多年间，相沿成习，未曾间断。

据《三宝绘词》卷下收录的“比叡坂本劝学会”的记述，有

“十四日夕，僧下山集于山麓，俗乘月而往寺”(《新日本古典文学大系本》，173 页)，说僧人从比叡山下来，在家众则唱诵白居易的“百千万劫菩提种，八十三年功德林”偈文，僧人唱完《法华经》一节后，和在家人汇合。参加者包括比叡山禅侣 20 人与大学生 20 人。同据《三宝绘词》，“十五日，朝讲《法华经》，夕念弥陀佛，然后至晓唱佛诵法，集其诗留于寺”(同上 173 页)。可知劝学会上午讲《法华经》，下午念佛，晚上彻夜赞叹佛和法，创作诗文并唱诵，然后将最终完成的诗文收集起来保存在寺院。此《三宝绘词》的作者源为宪（？—1011）就是实际参加劝学会的一人。

贵族和僧侣共同经办时，《法华经》自然是讲经的对象，而念佛和汉诗文创作也逐渐成为法会固定的活动。由此可以判断在讲经的法会上创作汉诗文就是后来“法华三十讲”中的咏诵和歌传统的源头。

（二）法华三十讲

贵族们的法华会中尤以藤原道长（966—1027）创办的“法华三十讲”最具盛名。据道长荣华盛景的《荣华物语》卷十五“歌贝”章的记载，道长自己在读诵《法华经》的同时，也令“内、东宫、各宫皆同勤行”(《新编日本古典文学全集》32，187 页)，即同时令劝帝、东宫、各宫去读诵《法华经》。各地的首领们自然跟风也开始读《法华经》，由此《法华经》在国内广为诵读。藤原道长不仅自己读诵，还召集僧人从五月一日到晦日，“由无量义经始至普贤经、法华经二十八品，一日一品论义”。此次法华会不限人数，召集了“南北二京僧纲、凡僧、学生”，其论义法会也召集了“听众二十人、讲师三十人”。

私心以为此乃公私交往之发端。受邀法会何其荣耀，若非如此实为憾事一桩。众皆勤于学问，或挑灯研习经论，或假月光读诵《法华》，或在幽暗的夜空默记经文。从早到晚乃至彻夜，孜孜以求无有倦怠。（以下略）

（《新编日本古典文学全集》32，189 页）

可知在当时如果受到僧侣方面的邀请是一件很有荣誉的事。

此外，法会席上贵族们还会吟诵描写《法华经》精神的和歌。同是《荣华物语》，就记载了四条大纳言的藤原公任（966—1041）所诵的和歌。

比如，关于《寿量品》中的常在灵鹫山和歌有：

出入常在与世同，
何论谁人见眼中。
灵鹫峰上千年月，
人间高挂仍溶溶。

关于《普门品》的和歌有：

救度悲心在，
普门一扇开。

无人不可入，

娑婆观音来。

可见参加者会在一起吟诵这种简短的、包含了经典内容的和歌。这种和歌称为释教歌，其题材中就有《法华经》。比如《拾遗和歌集》中（1001—1005年左右成立）就记载了以《法华经》为题材的和歌。另外1012年（宽弘九）当时的斋院选子内亲王（964—1035）自行选编的《发心和歌集》中，半数以上都是咏诵《法华经》的内容。此后敕撰和歌集中也开始收录释教歌这种类型，而在《后拾遗和歌集》（1086年撰立）中还设立了“释教”的类别。《千载和歌集》（1187年撰立）也开始将释教部独立成卷。由以上经纬可知在当时已将《法华经》教义咏入和歌以及释教歌也开始被社会广为认知。

（三）千日讲

自平安时代中期（10世纪末）始，出现了贵族主办的“千日讲”法会。其背景是多做善则多积德的理念，即多做善行必然会有更多善报的功德观。顾名思义，“千日讲”就是在一千天内进行《法华经》读诵或讲经的法会，期间需要由多位讲师接力式讲经，工作时间一般长达数十日甚至数百日。这里有三个要素是不可或缺的：千日行善、持续不断的供养以及满愿后持续的精进。举办“千日讲”要求有相当的经济实力，多数场合，院、贵族、僧尼等充当施主。

根据中世的记录，近卫家的近卫兼经（1210—1259）主办的“千日讲”法会上曾供养阿弥陀如来的图像、抄写的《法华经》和开结二经。《镰仓遗文》中收录的宽元二年（1244）3月2日“千日讲愿文”中记载了兼经之父近卫家实所办的“千日讲”的情形：

> 奉图绘阿弥陀如来像一千体、奉模写素纸妙法莲华经百部八百卷、无量义、观普贤等经各百卷并一千卷。尊像者每日卒一体、妙典者每日卒一卷。奉折写阿弥陀、般若心等经各百卷、同寿命经一千卷、阿弥陀经者付开经、般若心付结经、寿命经者每日一卷奉称扬赞叹矣。(《镰仓遗文》第9卷，6285页)

近卫家实准备了千幅阿弥陀如来画像，抄写的《法华经》有一百部八百卷，开结二经各一百卷，共计一千卷。法会上还一并供养尊像和经卷（每日一卷）。但供养的经典并不限于法华三部经。文中提到了“折写”，可见当时供奉了木版印刷的《阿弥陀经》和《般若心经》各百卷以及《寿命经》一千卷。以十日为一单元，初日加奉供养《阿弥陀经》，最后一天（即第十日）则加供《般若心经》，每天还供养《寿命经》。此《寿命经》当是平安时期贵族所推崇的《一切如来金刚寿命陀罗尼经》。可见，除了法华三部经以外，当时对《阿弥陀经》《般若心经》《寿命经》等经典的供养也很兴盛。由此推断，当时还没有选择特定经典加以信仰的强烈意识。

四、寺院中的《法华经》讲经

各寺院的《法华经》讲经活动各有其特征。讲经具备某种格式的称为“唱导”，即通过唱诵讲说经典引导众生生起信仰。如果是以“唱导”的形式出现的讲经法会就要求加用譬喻和例话，要以优美的文辞和抑扬顿挫的语调使听者心生感动。可见“唱导”不再是单纯枯燥的讲经，还有现场的即兴发挥。总之要求僧人说法要巧妙，要匠心独运。这样的讲经者被尊为唱导的名家。下面就介绍以唱导这种讲经方式进行的法会情况。

据虎关师练（1278—1346）的《元亨释书》记载，上述唱导名家的鼻祖是安居院的澄宪（1126—1203）和圣觉（1167—1235）父子。记录中留存的关于唱导的资料可一直追溯到平安时代中期。之所以能够如此，端赖澄宪平日所收集的关于唱导的大量资料。资料中首先有法会施主的贵族们写下的“愿文类”，其次是用来讲述法会目的的“表白”类（僧侣所书）。《本朝文粹》《续本朝文粹》《愿文集》《江都督纳言愿文集》《转法轮钞》和《言泉集》等文献中就收集了很多“愿文”和“表白”。最后是讲经中最重要的属于解释类的部分即“经释”。现存的“经释”资料中大部分是由经典题目、大意和入文解释三部分构成的，称为“三门释”，多为短小的篇幅。之所以如此，想来大概是因为余下的资料为“拟草”的缘故，即法会讲经时放在座位旁边起到提醒和备忘作用的资料。

寺院有各自传持的“宗”。比如比叡山延历寺和三井圆城寺传持天台宗，南都的兴福寺传持法相宗。东大寺被视为“八宗兼学的道场”，但其传持的中心还是华严宗和三论宗。

这些寺院的《法华经》讲经中的“经释”，皆按照各自所传持宗派的思想而进行。比如天台的寺院的“经释”就参照天台《法华文句》或假托为湛然的《法华经大意》而作成。而法相宗的寺院则参照慈恩基（632—682）的《法华玄赞》或相传为镜水寺沙门西复（生卒年不详）整理慈恩基的讲经记录而成的《法华玄赞要集》。自平安末期的解脱房贞庆（1155—1213）完成了《法华经》注疏《法华经开示抄》以来，法相宗在讲经时就一直以《法华经开示抄》为基本的参考典籍[①]。

此外，前文提到的东大寺法华会则参照三论宗的法华经注释书讲经。随着时代的变迁，中世时期的《法华经》“经释”以三论宗之祖嘉祥大师吉藏的《法华义疏》和《法华游意》为参考。此外，“经释”的题记中有释文参照了白居易和元稹诗文的记载，这说明，“经释”除了参考祖师们的注疏之外也参考了汉诗文集等。这种作法的背景显然是为了使听众心生感动而特意加入美辞丽句[②]。

---

① 参照《日本大藏经》解题。藤谷昌树《大谷大学図書館藏〈法華開示抄〉の諸写本について》(《真宗総合研究所研究紀要》22、2005)、蓑轮显量《日本仏教の教理形成——法会における唱導と論義の研究》(大藏出版，2009)。

② 蓑轮显量:《東大寺所藏の法会に関する写本——経釈と論義から》(《印度学佛教学研究》52-2，2004)。

按照通常的理解，“经释”似乎应该是讲经的核心部分，但从实际的情景看，它往往只是讲经内容的一部分而已。实际上，讲经者为了让听众心生感动，常常会配合现场的气氛而有即兴发挥或运用譬喻和例话。总之，“经释”作为明确表达经典地位和内容的文字而使人关注，而其内容又有题目、大意和入文解释的三门释这种特定的形式。

《法华经》经释有多种多样的形态。从安居院的澄宪留下的《释门秘钥》中的“经释”去考察，可知有以《法华经》一部八卷为对象的“总释”、八卷各自为对象的“卷释”以及以二十八品各自为对象的“品释”这三种形式。“总释”是一座讲经，“卷释”是在“法华八讲”或加上开结二经构成“法华十讲”时使用，而“品释”则是“法华三十讲”时使用。

古代到中世的法会中还有在《法华经》讲经之后附加关于佛教教理的“论义”。比如比叡山延历寺的霜月会和兴福寺的法华会就是如此。在附加论义的法华经会座中，最有名的莫过于院政时期所创设的法胜寺御八讲，下面我们予以介绍。

五、法胜寺御八讲

法胜寺是白河上皇在白河之地所建的院家御愿寺。院政时期有凭借院家权力而创建的六胜寺，法胜寺即为其中最早的一座。

据《法胜寺御八讲问答记》卷一（东大寺图书馆藏）记载，法胜寺御八讲始于1131年7月3日。当时是为期五天的法华十讲法会。出面的有公请的讲师十名、听众十名以及为论义担任裁判角色的证诚。法会以早座和晚座的一日二座为基本，讲说包含《无量义经》和《观普贤经》开结二经的十卷。说是十讲却也不拘于名称，此讲经就被称为御八讲，是当时规格最高的法会。

遗憾的是法胜寺御八讲讲经内容的详细情况已不得而知，只有“经释”以很简略的资料被保存下来，虽然仅有不多的文字。比如《释门秘钥》中保存有澄宪举办的早座“经释”，是分为经典题目、大意和入文判释的所谓三门释，但由于完整的资料未流传下来，所以难以窥知现场当意即妙的譬喻和例话等内容。

但有关“论义”的资料却在《法胜寺御八讲问答记》中得以保存。此写本当是活跃于东大寺尊胜院的宗性（1202—1278）本人书写或是让他人抄写，将当时“论义”的情景做了简明的总结。其内容主要集中在提问上，使后世得以一窥当时的“论义”的情形。[①]

“论义”共有二问，讲师为回答者，听众中一人为提问者，以提问应答的形式来进行。第一问首先以法会上所讲的《法华经》经卷中出现的经典文句发端，问及与讲师的思想相关的问题。第二问则不拘泥于经典文句而是涉及讲师所属“宗”的思想。这就不仅仅限于《法华

① 南都佛教研究会编《南都仏教》（77，1999）是关于法胜寺御八讲论义汇总的最早研究。

经》的思想了。由于“论义”的内容既涉及讲师所属“宗”的经典文字又涉及教理教义，所以范围很广。论义的特征在于思想的会通，即站在大乘的立场上对看似互有矛盾的经论记述作出合理的解释。

六、持经者的出现

前文我们提到以《法华经》为讲经对象的法会和讲席有很多，但《法华经》在日本的展开远不止于法会这一种形态。如果说以讲经为中心的法会是集体性的受容，那么还存在一种与此完全不同的方式，那就是个人性的以自身来受持《法华经》的情形。这样的人通常被称为“持经者”。

持经者，顾名思义，即奉持经典之人。如《法华经·法师品》“此经难持，若暂持者，我即欢喜，诸佛亦然”的偈文，经文里就提到持经一说。具体方法依经典则有“受持、读、诵、解说、书写”的“五种法师之行”。可见在平安时代已存在个人受持经典的《法华经》受容事实。

持经者一词的出现，资料上最早是在《日本灵异记》。其中“忆持法华经得现报示奇表缘十八”章节有“大和国葛木上郡有一人持经”以及“年八岁以前诵持法花经，唯意一字不存”（《日本古典文学大系本》，113 页）的文字，可知当时已有读诵《法华经》的修持，而且此处持经者明显就是“背诵经文者”。又因为梵文中的原词是

dharayati 即“记忆而不忘”的意思，可见背诵经文的行为与原词含义相近。《日本灵异记》也提到，一直到古代的 10 世纪时期，持经者都受到朝廷奖励背诵的影响。

更多记载了“持经者”事迹的是 11 世纪编纂的《大日本国法华经验记》（以下简称《验记》）。《验记》据传为比叡山横川的修行者镇源（生卒年不详）所编，是长久四年（1043）左右写成的一部说话集。《验记》一般也被看作一种往生传，出现在庆滋保胤（？—1002）的《日本往生极乐记》之后，又极大影响了后来的《今昔物语》，且内容被其所继承。《验记》大量收录了以《法华经》的读、诵为具体内容的“持经者”的灵验事迹，这里仅举一例，即书写山的性空（910—1007）。

《验记》第四十五话记载性空“受持一乘偏期佛惠”，“深山幽谷结庐而住”。作为修行，性空实践《法华经》的背诵，是一位以山林为主要活动场所的持经者。《验记》写道，梦到美食，醒来一看，腹中已饱食，口中余味缭绕；有时读经，经典中有白米“自然散出”。性空待修行已届成熟，就“为化他故出深山住人间”（《和泉书院索引丛书》39，50 页）。

这里出现了以背诵而获得不思议力且以验力要实践利他行的持经者面貌。在古代是因为受到国家度缘的影响而背诵经典，到了 10 世纪时出现了为救济他者而持经修持的形象。也就是说持经者的性格发生了变化。

《验记》详细描述了一个一个《法华经》持经者们的事迹，但同时也要看到还有那些联系起山林持经者和城市民众的修行者们的存在。不可否认《验记》中的持经者们，他们身上投注了城里人的理想色彩，但承担起为使大家知道有这样的持经者存在的修行者们，他们也形成了自己的组织。

这些持经者，比如第五十九话中的法空法师，虽然说他是“显密兼修”的，但基本上还是如“暗诵妙法华”（第十九话）、“一心诵法华”（第五七话）或是“明了讽诵”（第五十八话）那样，是以《法华经》读诵作为自己主要的修行。他们通过经典读诵的功德获得不思议的灵验，然后有了与城市民众的接触。

我们可以肯定的是，10 世纪以后的时代存在着以《法华经》读诵得到不思议灵验力，并且向这样的实践不断精进的持经者。这些持经者中不乏在机构完整的寺院周边居住的僧人。由上可知在个人修行中有一项是经典背诵，《法华经》就是修行对象，且其形态已十分成熟。

七、镰仓时代日莲对《法华经》的受容——以“色读”为中心

在中世前期的《法华经》受容形态中，最应关注的是日莲（1222—1282）的《法华经》观。日莲不仅修持经典读诵，还提出所谓“色读”（也称身读）这种独特的经典观。其背景是日莲将《法华

经》的内容视为释迦的预言。将《法华经》中的预言以一己之身去亲自体验即是“以身读经”，亦即“色读”。“色”意味着身体，“读”意味着将《法华经》教说以实践来躬身修行。在日莲看来，《法华经》所记就是佛的教令，弘传《法华经》就是《法华经》受容的体现。比如《法师品第十》有“若说此经时，有人恶口骂，加刀杖瓦石，念佛故应忍”（大正九、三二上）。日莲据此认为忍受现实世界中所受的迫害正是以身来读《法华经》。这点在日莲遗文之一的《如说修行钞》中说：“恐天台（大师）及传教（大师）为法华经亦无日莲值如此大难事”（昭和定本，第736页）。即在日莲看来，受到迫害恰恰证明世尊对这个世界的预言是真实不虚的，而且受到迫害似乎是得到世尊救度的必要条件。在日莲看来，为拯救末法世界危机四伏的社会，迫害实乃不可或缺之事。日莲自身在亲身经历了伊豆法难和佐渡流放之后，更是亲证了“数数见摈出，远离于塔寺”经文的信实无误。

受到迫害是对《法华经》正确性的亲证，此即是以一己之身对《法华经》的“身读”。以己身来读就称为“色读”。日莲甚至到了自负地认为实践《法华经》色读的除了自己以外再无他人的地步，而且正因如此，他才更加坚信《法华经》所记是正确无误的，对以《法华经》而得到救度也才确信不疑。可见这是一种独特的《法华经》受容和展开的形态。

小 结

从《法华经》传到日本时的古代一直到现代社会,《法华经》的展开呈现出多种形态。其特征从大的方面来说，大约可分为四个时期。最初是作为讲说对象的时期，其形态在古代表现得最具典型性，在这一时期,《法华经》作为讲经对象而被人们所接受。我们知道古代有“讲师”和“读师”等职业宗教家，他们的工作就是读诵和解说经典,《法华经》就是读诵和解说的对象。其成熟的形态应当是中世出现的关于《法华经》的法会和讲席。其中规格甚高的法胜寺御八讲就堪称经典讲说方面的最高峰。

其次是受持经典这种具有主体性的受容方式，这里指的主要是平安时代的“持经者”。顾名思义,“持经者”就是“受持经典”者，其理论背景应该是基于经典中“受持、读、诵、解说、书写”的“五种法师行”，其中，经典背诵的受持方式尤其值得关注。我们推想其由来在于经典背诵这一为古代佛教家所共同拥有的修行基础。在此延伸线上就出现了中世里程碑式的人物日莲。

《法华经》在日本的展开进程中，我们发现日莲才是那位奠定了重大转折性标志的宗教家。日莲在经典受持的方式上创造出“色读”的新形态并赋予其崭新的理解。其含义在于，经典中的一字一句皆为世尊金口所说，字字真实句句无虚。不特如此，日莲还将此理解发展为一种信仰。换言之，日莲认为经典的记述就是世尊对未来所做的预言。此外，日莲还将自身经历定位到与经典记述完全契合的高度，而自负于“以身读经典”者天下唯此一人。在这样的理解下，我们看到诞生了《法华经》受持的一种新方向，即《法华经》是世尊对人们现世救度之约定的一部经典。

（张宇红 译）

参考文献

一、原始文献

《扶桑略記》（改定《史籍集览》一）

《日本书纪》卷二二（岩波文庫，日本思想大系）

《東大寺要録》（筒井英俊编，全国書房）

《公事根源》（日本文学全書二二）

《釈家官班記》（群書類従·釈家）

《元亨釈書》（大日本仏教全書一〇一）

《濫觴抄》（《群書類従》第二六輯　雑部）

《伝教大師伝》（《伝教大師全集》卷五）

《三宝絵詞》（新古典文学全集，新潮社）

《栄華物語》（新編日本古典文学全集三二，小学館）

《拾遺和歌集》(新日本古典文学大系，岩波書店)

《発心歌集》(冷泉家时雨亭文庫編《平安私家集》四，藤六集，朝日新聞社，1993年)

《千日講願文》(鎌倉遺文研究会編《鎌倉遺文》九，東京堂書籍，1975年)

《釈門秘鑰》(金沢文庫所藏写本)

《法勝寺御八講問答記》(東大寺図書館所藏写本)

《大日本国法華経験記》(藤井俊博編著,《校本・索引と研究》、和泉書院索引叢書三九，1996年)

《如説修行鈔》(昭和定本《日蓮聖人遺文集》，日蓮宗)

二、主要研究文献

大久保良峻《天台学探尋》(法藏館，2014年)

横超慧日《法華思想》(平楽寺書店，1980年)

菅野博史《法華経思想史から学ぶ仏教》(大藏出版，2003年)

小峰和明《中世法会文芸論》(笠間書院，2009年)

後藤昭雄《平安朝漢文文献の研究》(吉川弘文館，1993年)

末木文美士《仏典を読む——死から始まる仏教史》(新潮社，2009年)

菊地大樹《中世仏教の原形と展開》(吉川弘文館，2007年)

竹貫元勝《日本禅宗史》(大藏出版，1989年)

塚本啓祥《法華経の文化と基盤》(平楽寺書店，1982年)所收

三橋正《平安时代の信仰と宗教儀礼》(続群書刊行会，2000年)

蓑輪顕量《日本仏教の教理形成——法会における論義と唱導の研究》(大藏出版，2009年)

水上文義《台密思想形成の研究》(春秋社，2008年)

光宅法云《法华义记》中的佛身思想

宁波大学浙东文化与海外华人研究院助理研究员　张凯

光宅寺法云（467—529）为南朝梁代著名学僧，与智藏（458—523）、僧旻（467—527）合称“梁代三大法师”[①]。他博学多识，“历采众师，且经且论”，曾讲《法华经》《维摩经》《成实论》《大品般若经》《胜鬘经》[②]《涅槃经·四相品》断肉部分，著有《大品般若经》

① “梁代三大法师”之称，当始自吉藏《法华玄论》卷一“梁始三大法师”之说。（《大正藏》第34册，第363页下）其后唐代道宣《续高僧传·义解篇》论曰：“时（梁代）有三大法师云、旻、藏者，方驾当涂，复称僧杰，挹酌《成论》，齐骛先驱。”（《大正藏》第50册，第548页中）三师被后世称为“成实论师”，除与三师皆习《成实论》且有注疏有关外，还与智顗、吉藏著作中批判成实学常引三师义有很大关系。考三师成实学之传承，均曾受学于齐代僧柔、慧次二公，慧次则为彭城系之支末也。然三师佛学体系博杂，仅以“成实师”论之则稍欠全面。

② 关于法云《法华义记》中对《胜鬘经》的援引，参见早川贵司：《光宅寺法雲と〈勝鬘経〉》，《印度学佛教学研究》57（1），2008年。

注、《成实论》义疏四十二卷[①]、《大涅槃义记》(或《涅槃义记》)等，现存著作仅有《法华义记》八卷[②]。此外,《弘明集》中收有他讨论神灭与神不灭问题的书信[③],《广弘明集》中收有他针对昭明太子萧统所立二谛义、法身义的咨问[④]，吉藏、智𫖮的著作中也大量引用了法云的论说，虽然这种引用多基于批判的立场，但仍可作为我们窥探法

---

① 《续高僧传》卷五《法云传》:“时诸名德，各撰成实义疏。云乃经论合撰，有四十科，为四十二卷。”(《大正藏》第50册，第464页上)关于《经论合撰》，菅野博史认为是法云将诸僧对《成实论》的注释进行了合编。(菅野博史译注:《法华义记》“解说”部分，东京：大藏出版，1997年，第24页)王征认为《经论合撰》或是法云参考《法华经》《成实论》等佛典而完成的一部佛教百科全书或类书。(王征:《〈成実論師〉としての光宅寺法雲に関する一考察——〈中観論疏〉の引用を手がかりに》,《東アジア仏教研究》12，2014年)笔者认为,《经论合撰》的“经”当指《成实论》原文,“论”指法云对原文的注释,《经论合撰》是指附文并随文释义这一形式。“经”此处仅是表示原文的笼统说法，并非确指某部经而非指《成实论》。对比法云的《法华义记》与当时的其他注疏，虽有随文释义的形式，但多不附原文。因此，法云在《成实论》义疏撰写上的《经论合撰》形式才会被特别提及。《成实论》原文十六卷，与法云的注释(二十六卷)相加为四十二卷，在卷数上亦说得通。

② 现存《法华义记》为日本华严宗僧凤潭(1659—1738)于元禄九年(1696)刊行，后被收入《大正藏》第33册，中国则无文本传世。菅野博史指出，严格说来,《法华义记》并非法云亲撰，而是由其弟子根据法云讲义笔录而成。菅野博史:《〈法華義記〉における講義者法雲と執筆者》,《印度学佛教学研究》41(1)，1992年；后收入氏著《中国法華思想の研究》，东京：春秋社，1994年；亦可参见菅野博史译注《法华义记》“解说”部分第20页与智𫖮《法华玄义》的撰述情况相似,《法华义记》是执笔者根据其师法云的讲义加入异说并批判之，因此融入了执笔者自己的观点，但不可否认,《法华义记》与法云有密切关系。所以，本文暂且搁置法云与《法华义记》的这种距离性，将《法华义记》作为法云思想的主要体现，并以此为前提进行论述。

③ 《弘明集》卷十,《大正藏》第52册，第60页中。

④ 《广弘明集》卷二十一,《大正藏》第52册，第247页中－第249页下、第250页下－第251页上。

云思想的珍贵文献。

吉藏《法华玄论》卷一云："爰至梁始，三大法师硕学当时，名高一代，大集数论，遍释众经。开善以《涅槃》腾誉，庄严以《十地》《胜鬘》擅名，光宅《法华》，当时独步。"[①] 可知法云对《法华经》的解释，妙冠当时。[②] 本文以《法华义记》为主要文献，辅之以其他相关文献，在整合前贤特别是日本学者研究成果的基础上，对法云的佛身思想进行系统论述，着重考察法云佛身说与其判教思想的关联，借此凸显佛身观在法云思想体系中的重要地位，揭示法云佛身思想对后世的影响。

一、妙果体用：佛寿长远与神通益物

在《法华义记》中，法云对佛身的看法没有体系化的论述，这与他对《法华经》随文释义的形式有关。对法云解释《法华经》的整体特点，菅野博史指出："法云在解释《法华经》时，最重视因果

① 《大正藏》第 34 册，第 363 页下。

② 正因法云解《法华经》的巨大影响，智顗在《法华玄义》中将法云对《法华经》的解释作为主要的批判对象，《法华玄义》卷一云："今先难光宅，余者望风。"（《大正藏》第 33 册，第 691 页下）凤潭《法华经义疏序》（写于《法华义记》前之序）亦云："的倾光宅，余则自溃。"（《大正藏》第 33 册，第 572 页中）

论。对法云而言，可以说佛教的中心就是因果论也并不过分。”[①]法云在《法华义记》的开头即对比了昔日因果与今日因果的不同，借此来彰显《法华经》异于前出诸经的“妙”处所在。在今日之妙果的论述中，佛身作为妙果的重要组成部分被反复提及。详而论之，今昔果之比较可以从体之长短、义之广狭、用之胜劣三个角度论说，其中的果体长短即是从佛寿的角度展开：

> 所以言今日果体长者，但昔言果，止言寿命八十、七百阿僧祇，今日明果，寿命长远，复倍为数。是故下经文言“寿命无数劫，久修业所得”，取五百那由他阿僧祇三千大千国土墨点取为喻，言寿命复过于此，但昔日无有如此之寿。然罗汉、辟支不无边际智所延之寿，然终自无有长远之期，是故以今日长远之果对昔日短促之寿，昔粗今妙，其义如此。[②]

前出诸经，或言佛寿八十，或言佛寿七百阿僧祇劫，皆是“短促之寿”，而今所言《法华经》佛寿“长远”“复倍”，所以相对于昔日粗果体短，今日《法华经》可谓妙果体长。可见因果论是法云思考判教问题的重要向度，佛寿则是判定因果粗妙的重要标准。针对

---

① 菅野博史：《光宅寺法雲の法華経観》,《東アジア仏教学術論集》2，2014年；中译文载于张风雷、金天鹤、竹村牧男主编《中国南北朝佛教研究》，北京：宗教文化出版社，2014年，第93页。

② 《法华义记》卷一,《大正藏》第33册，第573页中。

佛寿长短的区别，法云又指出：

> 就此经所明长寿之义，但昔七百阿僧祇为短，今复倍称位长。然今者更无别长，只续昔七百阿僧祇为长。如柱长五丈，埋藏二丈，唯出三丈，睹三丈为短，又出二丈，则有长义，但无别有长，正以今二丈续昔三丈，有五丈之用也。寿命亦尔，昔七百为短，今复倍为长，但无别长续短成长，无异三丈是短是粗，今日复倍是长是妙也。此是无别长义家义。①

法云以柱为喻主张“无别长义”，认为诸经所言佛寿长短的区分是由众生的根机与修行的差别所致，从佛的层面看，佛寿实无长短之别。

果体以佛寿的长短论之，果用则以分身益物的胜劣论之：

> 第三明果用胜劣相对者，然此果更无别用，祇是殊形万象神通益物，下文言神通力如是。于阿僧祇劫，常在灵鹫山及余诸住处，非唯止在灵鹫益物，亦复分身十方度人，见形者三毒灭，闻声者四倒除。但昔日之果不无小小说法，然不足是语，是故以今日神通无方益物之用胜，对昔日之用劣，昔劣今胜，劣者为粗，胜者称妙，二名相待，其意如此。②

① 《法华义记》卷一，《大正藏》第 33 册，第 573 页下 –574 页上。
② 《法华义记》卷一，《大正藏》第 33 册，第 573 页下。

针对前出诸经说果用时只谈自利不言益物，《法华经》果用妙处正在于分身益物，而益物的手段则是化现神通。

在稍异于前述妙果解释的另一种分类（体广、用长、位高）中，果位高即是果体长，是从佛寿角度的论说："位高者，今此佛果位在五百由旬之上，故称位高也。"[①]果用长即是果用胜，是从神通益物角度的论说："二用长者，果以何为用？正以化物为其用。所以住世至无量劫者，据欲神通益物，所以用长也。"[②]

此外，法云亦论说了另一种关于妙果解释的分类：

> 今日明因，总括万善为同归之路，将三乘行人度五百崄难，遂到宝所，亦有二种果。断绝三界内外两因，灭除此彼二报，无为果极。有为果用者，种智一朗，佛果齐明，理而推之，于时则应，入无余涅槃，至寂然之地。但大悲之意不限，度人之心无穷，近藉神通之力，远由大众万行之感，遂能延金刚心留住于世，寿命无穷，益物无涯，故能常应在三界之中，殊形入六道之内，使见色闻声之徒，生莫二之大福。[③]

法云在此将《法华经》妙果分为两种：无为果极与有为果用。前出诸经以断三界内分段结使为无为果极，《法华经》以断三界内外

① 《法华义记》卷一，《大正藏》第 33 册，第 573 页下。
② 同上。
③ 《法华义记》卷一，《大正藏》第 33 册，第 572 页下 –573 页上。

结使为无为果极；前出诸经以自利为有为果用，《法华经》则以自利利他为有为果用。利他表现在佛出于大悲度人之心，通过神通力和众生万行之感延金刚心住世益物。

概言之，法云将佛身问题看作是体现《法华经》妙果的重要内容，反映在佛果之体上是佛寿长远说，反映在佛果之用上是神通益物说。在佛寿长远问题上，他主张“别无长义”；在神通益物问题上，他主张佛通过神通力和众生万行所感而住世益物。在佛寿长远与神通益物两个层面，都体现出《法华经》对前出诸经的优越地位，故以“妙”冠之经名，可见法云的佛身思想与其判教思想密切相关。

二、神通延寿说

木村宣彰将法云对佛身的散论归纳为两说：神通延寿说和十方相望说，认为智顗、吉藏只批判了法云的神通延寿说而错过了十方相望说。[①]村上明也则认为智顗、吉藏并未错过十方相望说而对两说皆有批判。[②]以下对两说分而论之。

---

① 木村宣彰:《法雲の仏身説》,《仏教学セミナー》16，1972年；后收入氏著《中国仏教思想研究》，京都：法藏馆，2010 年，第 171 页。

② 村上明也:《隋代仏教における〈法華経〉の仏身説——法雲の十方相望説に対する智顗と吉藏の見解》,《東アジア仏教研究》12，2014 年。

“神通延寿”之名出自智顗《法华玄义》卷十上“破神通延寿义”。虽然智顗在批判中并未提及主张此说者即是法云，但对比其论述与《法华义记》中的观点大致相同，故断为法云之说。此说主要文献依据是“大悲之意不限，度人之心无穷，近藉神通之力，远由大众万行之感，遂能延金刚心留住于世，寿命无穷，益物无崖”。但佛能延寿并非仅依神通，而是大悲度人之心、神通之力、大众万行之感共同作用的结果，因此智顗将其概括为神通延寿说稍显片面。

木村宣彰认为法云主张佛寿无穷的可能根据是《法华经》中所说的自在神通力，其直接的文本依据是《法华经・涌出品》[①]，同时也指出法云神通延寿说继承了江南的法华学特别是竺道生《法华经疏》中的说法。[②]横超慧日也认为神通延寿说并非出自法云独创，其萌芽应归于道生，因为道生在解《法华经》时指出“今祛其斯滞，假长寿遣之”“寿量者，即是上品奋迅诸佛神通。”但道生只以神通力的化现为佛寿，没有法云延寿留住的内涵。法云延寿留住的目的是为连接五时教中前三时的七百阿僧祇劫与第五时的常住佛身。[③]

---

① 木村宣彰:《法雲の仏身説》，第 168–169 页。

② 木村宣彰:《法雲の仏身説》，第 178 页。

③ 横超慧日:《法華教学における仏身無常説》，收于氏著《法華思想の研究》，京都：平楽寺書店，1986 年，第 245 页。

法云将神通延寿的佛身看作法身，“延金刚心久住世者以为法身”[①]。然此法身是由万善同归之一因所得，实际上相当于后世三身说中报身的内涵。法云通过神通延寿的方式，巧妙回避了法身如何产生应身的问题，而智顗之所以批评神通延寿说，则是为了批判作为神通延寿说理论前提的法华佛身无常说。

三、十方相望说

“十方相望”之名是木村宣彰根据《法华义记》卷五“十方诸佛更互相望”之说总结而来。[②]法云在解释《法华经·譬喻品》的火宅三车喻与《信解品》的长者穷子喻时论述了十方相望说，在《寿量品》六或示现的解释中也曾借用此说，两喻都是为照应《方便品》的法说。相关论述如下：

> （1）然《法华经》所明法身者，不同常住也。解有二种，一云延金刚心久住世者以为法身，又云正明总十方诸佛更互相望，故知无量寿实时在西方教化，未来此间，此间望彼，彼即是法身。然应身本有形有像，法身

---

① 《法华义记》卷五，《大正藏》第33册，第629页上。

② 亦有学者称之为“二身相望”。（幸村法轮《光宅の天台及び聖德太子に及ぼせる影響について》，《宗教研究》新第5卷第6号，1928年；李幸玲《光宅法云〈法华经义记〉的诠释观点》，《台大佛学研究》16，2008年）

本无形像，佛既未来此间，于此间即无形无像，即是法身。若来应此间，即于此间是应身，他方望此间，即持此间作法身也。①

（2）问者言："既言佛在法身地，云何言有内凡夫等围绕？"解释者言："此经明法身，不同常住经所明法身。今此经言法身者，指他方应身为法身，故如佛在无量寿国，此间众生机感，无量寿来应，仍謟无量寿佛为法身也。"②

（3）此中明法身，即是他方净土分身诸佛，以为法身也。③

（4）今者第一"或示已身"者，或示自己身为他身，故如此国土人物八部大众然皆释迦所化众生，法主应是释迦，而法座上者遂是无量寿佛，此即示已身为他身。"或示他身"者，即是示他身为已，故如西方国土人物四众皆是无量寿佛所化之众，但法座上应是无量寿佛，而法座上者遂是释迦形容，此则是示他身为已身，皆明变他为已，变已为他也。④

① 《法华义记》卷五，《大正藏》第 33 册，第 629 页上。
② 《法华义记》卷五，《大正藏》第 33 册，第 635 页下。
③ 《法华义记》卷五，《大正藏》第 33 册，第 638 页下。
④ 《法华义记》卷八，《大正藏》第 33 册，第 668 页下 – 第 669 页上。

法云在指出《法华经》与《涅槃经》法身说的不同后认为《法华经》对法身的解释有两种：一为延金刚心住世的神通延寿说，一为婆娑世界的释迦牟尼佛与西方极乐世界的阿弥陀佛互为彼此法身乃至推广到十方世界诸佛互为法身的十方相望说，并对十方相望说的内涵进行了说明。

关于法云提出十方相望说的思想来源，木村宣彰认为此说在《法华经》中没有直接的论述，或是法云在讲解《法华经》时结合《首楞严三昧经》《涅槃经》等经的说法思考的结果。[①] 村上明也则认为《首楞严三昧经》和《涅槃经》并非此说直接的思想根据，而是法云根据《法华经・见宝塔品》内容的创造。[②]

值得注意的是，法云的十方相望说特别提到西方净土的阿弥陀佛。法云的说法与净土教将阿弥陀佛看作报身佛、将释迦牟尼佛看作应身佛的说法有本质不同。法云认为阿弥陀佛与释迦佛皆属源自法身的应身佛，诸佛在法身的层面是同体的[③]，此说的提出与当时净土信仰的盛行有关。[④] 可见法云对阿弥陀佛的关注是他为将净土信仰融摄到其理论体系中所做的努力尝试。

然而，法身佛与应身佛在本质上是同一的。法应的区别、昔教

---

① 木村宣彰:《法雲の仏身説》, 第 176 页。
② 村上明也:《隋代仏教における〈法華経〉の仏身説》, 第 2 页。
③ 木村宣彰:《法雲の仏身説》, 第 175–176 页。
④ 木村宣彰:《法雲の仏身説》, 第 178 页。

与今教法主的不同是基于众生根机的熟与未熟，从化物层面所作的区别，从佛的层面看并无法应之别，离开法身就没有应身的存在，这是法云提出十方相望说的最大理由。[①]

总括两说，木村宣彰认为神通延寿说是在时间层面追求三世益物的可能根据，十方相望说则是在空间层面表示以十方诸佛同一法身作为根底的应身，法云提出两说的深意是为明确超越时空的法身与时空内的应身之间的不即不离关系。[②]以后世三身说论之，法云将八十岁寿尽入灭的释迦佛看作应身，与其说倾向作为静止理法的法身，不如说指向因愿果德的报身。法云虽未看到记述三身说的经论，故未用“报身”之语，但他对法身的论述实际上指向报身的内涵。因此，他的佛身说虽是法报未分的二身说，但可被视为三身说的萌芽。[③]塩田义逊也认为法云的佛身说虽是与龙树等人主张相同的法应二身说，但将《法华经》的法身理解为修证的报身。[④]《大般涅槃经》中所说的佛身说已具有明显的报身内涵，法云的理解无疑受到了《涅槃经》的影响。

① 木村宣彰:《法雲の仏身説》，第173–174页。
② 木村宣彰:《法雲の仏身説》，第177页。
③ 木村宣彰:《法雲の仏身説》，第169–171页。
④ 塩田义逊:《光宅寺法雲の仏身観》,《印度学仏教学研究》4（1），1956年，第130–131页。

四、法华佛身无常说

智顗批判法云神通延寿说的目的是为批判他的法华佛身无常说，这就涉及法云的判教思想。法云继承了慧观顿渐五时的判教思想，将渐教分为三乘别教（《阿含经》）、三乘通教（《般若经》）、抑扬教（《维摩经》《思益经》）、同归教（《法华经》）、常住教（《涅槃经》）五时。[①]《续高僧传》法云传载其“为僧成、玄趣、宝亮弟子……大昌僧宗、庄严僧达，甚相称赞”。[②]宝亮、僧宗等人皆为当时知名的涅槃学者，故法云尊《涅槃经》为渐教最高亦不足为奇。法云的法华佛身无常说即是此种判教思想的反映。

菅野博史指出，法云在《法华义记》中对《法华经》与《涅槃经》的比较围绕佛身常住展开，且将《法华经》判置于《涅槃经》之下，因此他重视以《法华经·方便品》为中心的一乘思想，不太重视《法华经·如来寿量品》中的久远世尊思想。[③]法云在《法华义

---

① 智顗:《法华玄义》卷十:“三者定林柔、次二师，及道场观法师，明顿与不定同前，更判渐为五时教，即开善、光宅所用也。四时不异前，更约无相之后同归之前，指《净名》《思益》诸方等经，为褒贬抑扬教。”（《大正藏》第33册，第801页中）关于对法云在《法华义记》中所体现的判教思想的分析，参见菅野博史:《光宅寺法雲の法華経観》。吉藏认为顿渐五时说是慧观在《涅槃经序》（失佚）中首创，横超慧日则认为慧观只提出判教大纲，详细的阐述是继承了慧观判教思想的法云所为。（横超慧日:《法華教学における仏身無常説》，第235页）

② 《大正藏》第50册，第463页下。

③ 菅野博史:《光宅寺法雲の法華経観》，第98页。

记》中比较了两经的佛身思想:"《法华经》所明法身者,不同常住也"[①]、"此经明法身,不同常住经所明法身。"[②]认为《法华经》明佛身无常,《涅槃经》明佛身常住。因此,法云并未将《法华经·如来寿量品》中所说的久远世尊理解为《涅槃经》的常住佛身。吉藏在对法云法华佛身无常说进行批判时说:

> 光宅云公言,犹是无常。所以然者,教有五时,唯第五涅槃是常住教,四时皆无常。法华是第四时教,是故佛身犹是无常。又此经自说无常,如下文言,复倍上数虽复称久,终自有限,故知无常。又《药草品》云终归于空。终归于空者,既是无常,终入无余也。[③]

吉藏指出法云认为《法华经》主张佛身无常说的经证是《法华经·如来寿量品》的"复倍上数"与《药草喻品》的"终归于空"。《法华经》佛身的特点是有限久远,《涅槃经》佛身的特点则是无限常住。法华的佛寿是有限数量,并非超越数量的绝对常住,这是《法华经》与《涅槃经》佛身说的本质区别。

横超慧日对法云的法华佛身无常说及智顗、吉藏对其批判后主张的法华佛身常住说进行了详述。概言之,吉藏、智顗对前代法华观的批判主要集中在佛身无常与法华不明佛性正因两方面,

---

① 《法华义记》卷五,《大正藏》第33册,第629页上。
② 《法华义记》卷五,《大正藏》第33册,第635页下。
③ 《法华玄论》卷二,《大正藏》第34册,第372页上。

这正是前代认为《法华经》劣于《涅槃经》之处。具体到佛身问题，法云主张法华无常说，而吉藏与智顗都主张法华常住说，从而将《法华经》提到与《涅槃经》平等甚至更高的地位，导致了涅槃学的衰落。[①]因此，关于法华佛身常与无常的争论实与判教思想密切相关。

五、五时教佛说

法云既主张顿渐五时的判教说，他对所判经典中所说的佛身优劣有何看法？吉藏《中观论疏》卷九末云：

> 成论大乘师立五时教佛。初教以五阴身成佛。第二时以种智为佛，与初教佛同寿八十。招提云，第二时是特尊。第三时无量劫修行。第四时亦久劫修行，过去过尘沙，未来倍上数。第五时明佛常住，佛无有色，但有一圆智，有总御用，故名为佛。若欲度物，则应作色。[②]

吉藏《大品经游意》卷一云：

> 第四辨寿命长短，成论师说不同。云初教佛寿八十年。第二佛寿无量，故《释论》佛有二种，一者父母法身，即是经中常身佛也。二者法性身，寿命无量，光明

① 横超慧日：《法華教学における仏身無常説》，第231–232页。
② 《大正藏》第42册，第140页上。

无量，即是经中特尊佛也。又《大品》云，欲得寿命，当学波若波罗蜜。又《释论》婆伽梵子一村众生，犹寿命长，何况佛度无量众生，故寿命无量。第三七百阿僧祇。第四如《法华》中说。第五明常住。一云，初教与第二品是八十。若尔，云何示特尊佛耶？解云，八十年即现特尊佛，非别有佛也。慧观师义，自第二已明常也。今解不尔，何者？经说无定，或云七十九年，或云八十五年。又《阿含经》云，佛寿无量，别有净土，唯现余报耳。若尔，云何定报耶？若一往判者，初教八十。第二教佛寿无量。此是长短方便，故言长不失短。短不失长，是因缘。[①]

从以上两段材料可知，其时成实论师已将五时判教与佛身思想连接进而产生了“五时教佛”说。整合两段材料中五时判教与五时教佛的对应关系，如下表所示：

五时判教	五时教佛	
	成论帅（成论人乘师）	慧观
三乘别教（《阿含经》）	五阴身、寿八十	寿八十
三乘通教（《般若经》）	种智、寿八十	常住

① 《大正藏》第33册，第66页上。

五时判教	五时教佛	
抑扬教（《维摩经》《思益经》）	无量劫修行、寿七百阿僧祇劫（招提[①]：特尊佛、寿无量）	常住
同归教（《法华经》）	久劫修行、寿倍上数	常住
常住教（《涅槃经》）	圆智、无色常住	常住

与同主张顿渐五时判教的慧观相比，成实论师对渐教五时经典中的佛寿长短有与经典对应的递进划分。考察当时最有代表的成实论师，除僧旻主张四时判教[②]外，僧柔、慧次、智藏、法云等大都主张五时判教说。诸师的著作除法云《法华义记》外多已不存，对比法云在《法华义记》中对佛身的论述与吉藏所说成实论师关于五时佛寿的说法基本一致，由此可以推断这种五时教佛说很可能即是以法云为代表的成实论师的观点。

法云五时判教与佛身思想的关联，值得我们从判教角度反思判教的根据问题。学僧们作出不同的判教主张，是根据翻译的先后、

① 当指招提寺慧琰。《广弘明集》卷二十一载有慧琰针对昭明太子萧统所立二谛义、法身义的咨问。（《大正藏》第 52 册，第 248 页中、第 250 页下）《陈书》卷二十四："元帝尝著《金楼子》，曰：'余于诸僧重招提琰法师，隐士重华阳陶贞白，士大夫重汝南周弘正，其于义理清转无穷，亦一时之名士也。'" 可见招提寺慧琰见重于梁代。吉藏《维摩经义疏》卷一："招提慧琰用四时教，谓此经（指《维摩经》）是第二时三乘通教摄也。"（《大正藏》第 38 册，第 908 页下）可知慧琰主张四时判教说，其所说第二时的特尊佛实指《维摩经》，故此处列于五时中之第三时论说。

② 智顗《法华玄义》卷十："二者宗爱法师，顿与不定同前，就渐更判四时教，即庄严旻师所用。三时不异前，更于无相后、常住之前，指《法华》会三归一，万善悉向菩提，名同归教也。"（《大正藏》第 33 册，第 801 页上 – 中）

思想的深浅，抑或综合考虑的结果？其中，诸经所反映的思想深浅当是判断的重要根据。那么，反映经论中思想深浅的标准又有哪些？从本文的论述中可以看到，佛身特别是其中的佛寿问题在梁代已成为判别诸经思想深浅从而进行教相判释的一个重要标准。可见，法云所主张的法华佛身无常说与涅槃佛身常住说实为其所主张的五时教佛说的有机组成部分。

六、结语

综上所述，本文在总结前贤围绕法云佛身说的研究中所提出的神通延寿说、十方相望说、法华佛身无常说等理论的基础上，通过考辨提出法云五时教佛说的主张，并从五时教佛说的立场对法云的佛身诸说重新进行了有机整合。整体看来，法云的佛身诸说是相互联系、密不可分的。法云在顿渐五时判教说的基础上主张五时教佛说，并以此概括五时经典，因此作为第五时的《涅槃经》主张佛身常住说，而前四时经典皆主张佛身无常说。前四时经典虽同是佛身无常说，但又根据佛寿的长短来规定四时经典的优劣。因此，作为第四时的《法华经》，一方面论说作为妙果的佛寿长远，故较前三时佛寿之短为优；一方面论说佛身无常，故较第五时佛身常住为劣。法云之所以将《法华经》定位为佛身无常，则是基于神通延寿说。因为他认为延寿仍是有限，佛身常住则不需延寿。十方相望说则是法云佛身思想中较有特色的理论创造，反映出其时弥陀净土信仰的盛行及他试图将此信仰纳入其佛身理论中的努力。后世吉藏、智顗等人佛身说的确立皆是建立在吸收批判法云佛身说的基础之上。由此可见，法云思维十分活跃，对佛教义学多有创新，对南朝及后世义学产生了深远影响。

日本近代《法华经》的受容

——宫泽贤治和《如来寿量品》

日本佛教大学准教授　大谷荣一

一、序言——俯瞰日本近代的法华思想及运动

蓑轮显量曾指出，“在日本《法华经》的展开过程中，发挥重大转折性作用的是宗教家日莲”[①]。而且，在自明治维新（1868）到第二次世界大战结束（1945）的日本近代史上，与日莲佛教相关的历史人物也对《法华经》的展开发挥了很大的作用。特别是被称为“日莲主义（Nichirenism）”的近代佛教思想曾产生了很大的影响。

本文主要以文学家宫泽贤治（1896—1933）为例，探讨日本近代是如何理解和接受《法华经》的。在现代日本社会，宫泽贤治是位有名的文学大家，颇具人气。然而，众所周知，在贤治生前，其作品只有诗集《春与修罗》（1924）和童话集《热卖料理店》（同年）

① “《法华经》受容在日本的展开”，《第六届中日佛学会议论文集》。

两部作品问世，几乎籍籍无名。而到现在，其全集已经印行了六次，其作品被收入学校教科书，大量作品被译介到海外，还有作品被改编为影视剧或制成视频作品发行，其人气经久不衰。让日本人记忆犹新的是，2011 年 3 月 11 日日本发生大地震之际，其名篇《不惧风雨》温暖、激励了受灾地民众的心。

贤治终其一生都是《法华经》的忠诚信徒，而且受到了日莲主义的巨大影响。那么，贤治何时接触到《法华经》，又是如何受到日莲主义的影响而信仰《法华经》的呢？本文尝试对这些问题进行探讨。

首先，我们讨论日莲主义的定义问题。

日莲主义是由在家佛教教团“国柱会”的创立者田中智学（1861—1939）和传统教团“显本法华宗”管长本多日生（1867—1931）所提倡的国家主义的近代佛教思想。田中和本多等在近代日本的背景下，通过对中世的日莲思想的再解释、再构筑而形成了近代化的日莲佛教。这种日莲主义在第二次世界大战前的日本社会成为流行思想，其影响主要在佛教界、军人和右翼团体，同时广泛渗透到文学者、美术家、知识分子以及学生、妇女等社会各个阶层。

我将日莲主义定义如下：

> 发生在第二次世界大战之前的，带有强烈的社会、政治倾向的佛教系宗教运动。其最终目标是经由日本统合（一国同归）和世界统一（一天四海皆归妙法）而实现理想

世界（佛国土）。而其理论基础则是基于佛教思想特别是《法华经》的政教一致理念，具体而言，则是法国冥合、王佛冥合及立正安国。[①]

然而，日莲主义不能包罗日本近代的法华思想和运动。据此，我们首先有必要对日本近代的法华思想和运动做一概观。

2014—2015年，由春秋社出版的五卷本的“日莲丛书”值得关注。这套丛书收录了《法华经》研究和日莲研究的最新成果，由《法华经和日莲》《日莲主义的思想及其展开》《日莲教团的成立和展开》《近现代的法华运动和在家教团》《现代世界与日莲》等构成。其中，第四卷《近现代的法华运动和在家教团》涵盖了日本近代的法华思想和运动[②]。其中包括：战败后的“立正安国”运动，传统教团的日莲宗和法华宗，法华/日莲系新宗教的本门佛立讲、灵友会、创价学会，田中智学和本多日生的日莲主义，知识人（高山樗牛和姉崎正治）的日莲论，佛教社会主义者妹尾义郎，右翼思想家北一辉，超国家主义者石原莞尔，日本山妙法寺藤井日达，跨门流的法华佛教网络等内容。

用通俗易懂的方式对日本近代的法华思想和运动进行类型化分

① 拙著《近代日本的日莲主义运动》，法藏馆，2001年，第15页。

② 然而，其中也有未涉及的思想和运动。笔者在第4卷“从日莲主义到社会主义——妹尾义郎的思想和运动”及第5卷“国家・国体と日蓮思想2——清水梁山的生涯和思想”承担了部分内容的撰写。

析的是田村芳朗。在1972—1973年即“日莲丛书”问世四十多年前，春秋社曾刊行过五卷本的“讲座/日莲”。由《日莲和法华经》《日莲的生涯和思想》《日莲信仰的历史》《日本近代和日莲主义》《日莲语录》等著作构成。田村芳朗在第四卷《日本近代和日莲主义》的卷首论文“近代日本的脚步和日莲主义”中指出：“无视日本近代的脚步，日莲主义运动便无从谈起，反过来说，日莲主义运动恰是了解日本近代脚步的极好素材”，并提出了“日莲主义的三大类型”[①]：

①伴随着当时国家主义及日本主义的高涨，从国家主义的立场出发，从日莲思想中寻求精神支柱的日莲信仰，如田中智学、本多日生、井上日召、北一辉、石原莞尔等人的信仰。

②超越国家的个体性信仰，或通过日莲、法华而证悟宇宙实相的信仰，如高山樗牛、宫泽贤治、尾崎秀实等人的信仰，而与超越国家层面的日莲主义相关联，并将其发展为革新性社会主义运动的是妹尾义郎。

③在新宗教运动中展现的、以民众为中心的信仰团体如本门佛立讲、灵友会、创价学会的信仰。

作为囊括日本近代的法华思想和运动的范畴，田村芳朗使用了日莲主义一词，而笔者则认为应该对日莲主义做出进一步的限定。

---

① “近代日本的脚步与日莲主义”，田村芳朗、宫崎英修编《日莲讲座4·日本近代和日莲主义》，春秋社，1972年第2页。

作为囊括日本近代法华思想和运动的范畴，不妨使用“近代法华/日莲信仰”，在这一范畴之下，作为次级范畴使用日莲主义。

为了对田村芳朗的类型图进一步细化，笔者将其提出的类型进行了如下完善。首先，以“国家”观为基准，分为①国家主义的（national）近代法华/日莲信仰团体（日莲主义、日莲门下教团、法华/日莲系新宗教），②超国家主义（international）近代法华/日莲信仰团体（佛教社会主义、佛教亚洲主义），③极端国家主义（ultranational）近代法华/日莲信仰团体，④个体性近代法华/日莲信仰团体。代表这些类型化的人物和教团，如下表所示：

①国家主义　近代法华/日莲信仰团体	A. 日莲主义（田中智学、本多日生、清水梁山） B. 日莲门下教团（日莲宗、显本法华宗及其他） C. 法华/日莲系新宗教（本门佛立讲系教团、灵友会系教团、发音寺系教团、创价学会）
②超国家主义　近代法华/日莲信仰团体	A. 佛教社会主义（妹尾义郎） B. 佛教亚洲主义（高锅日统、藤井日达（仅战前）
③极端国家主义　近代法华/日莲信仰团体	超国家主义（北一辉、井上日召、石原莞尔）
④个体性　近代法华/日莲信仰团体	高山樗牛、宫泽贤治

表1：近代法华/日莲信仰的类型

为进一步明确这些团体的特征以及团体间的关系，做成了如下的矩阵图，将其分析轴设定为“权力志向性”（纵轴）和“与国家的关系性”（横轴），并分为：第 1 象限（国权性——国家性）、第 2 象限（国权性——国家超越性）、第 3 象限（民权性——国家超越性）、第 4 象限（民权性——国家性），各团体位置设定如下：

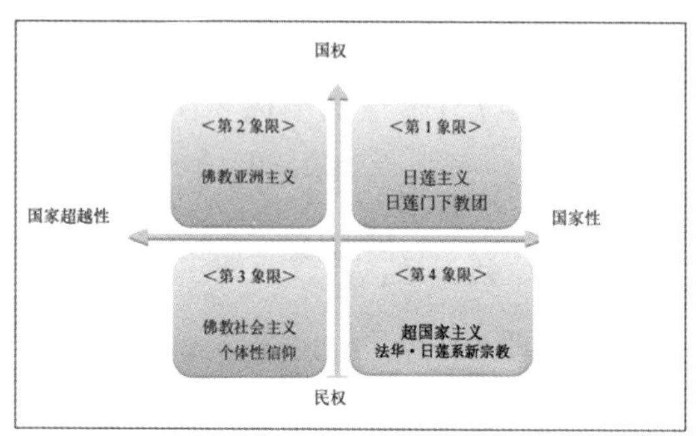

图1：近代法华 / 日莲信仰的矩阵图

从这些团体的影响关系看，第 1 象限的日莲主义的思想和运动作为母体，对同一象限和其他象限团体产生了直接或间接影响，由此构成了日本近代的法华思想和运动的信仰世界。这就是笔者的假说。

二、日莲主义的影响

那么，日莲主义的影响是怎样扩散的呢？笔者认为，其影响关系反映了几代人间的关系。下面，我们将日莲主义第一代至第三代人物做如下总结。

日莲主义第一世代（1860 年—20 世纪 70 年代生人）

田中智学（1861—1939　国柱会会长）

清水梁山（1864—1928　日莲宗僧侣）

本多日生（1867—1931　显本法华宗管长）

高山樗牛（1871—1902　文学家）

牧口常三郎（1871—1944　创价学会初代会长）

姉崎正治（1873—1949　学者）

山川智应（1879—1956　国柱会干部）

高锅日统（1879—1953　日莲宗僧侣）

日莲主义第二代（1880—20 世纪 90 年代生人）

田中泽二（1887—1955　智学的次子　立宪养正会代表）

北一辉（1883—1937　右翼思想家）

藤井日达（1885—1985）

井上日召（1886—1967　血盟团）

石原莞尔（1889—1949　东亚联盟）

妹尾义郎（1889—1961　新兴佛教青年同盟）

宫泽贤治（1896—1933　文学者）

里见岸雄（1897—1974　智学の三男　国体思想家）

日莲主义第三代（1900—21 世纪 10 年代生人）

西田税（1901—1937　元陆军军人）

古内荣司（1901—?　血盟团）

香田清贞（1903—1936　陆军军人）

村中孝次（1903—1937　陆军军人）

安藤辉三（1905—1936　陆军军人）

磯部浅一（1905—1937　陆军军人）

江川樱堂（1905—1938　日莲会殉教青年众）

小沼正（1911—1978　血盟团）

首先，明治中期，田中智学、本多日生等第一代日莲人开始提倡日莲主义。而从明治30年代到40年代，通过第一代的樗牛和姉崎等知识分子著书立说、“日莲主义网络”的形成以及一大批日莲主义小团体的出现，日莲主义开始逐渐在社会上普及（但是牧口常三郎不是日莲主义者，也没有给后人带来日莲主义的影响）。之后进入大正期，随着日莲佛教出版物的盛行，日莲主义开始大众化，第二代及第三代日莲人接受日莲主义。

这些后继者将日莲主义作为确立自我认同和思想形成的依据，并将其作为活动的指导方针，在昭和初期以后，日莲主义开始出现过激化趋势，并发生了“血盟团”事件、“5·15”事件、“2·26”事件等超国家主义的过激事件。过激化日莲主义的指导者是第二代日莲人，过激行动的实行者是第三代日莲人。

值得一提的是，归属于极端国家主义近代法华/日莲信仰团体的井上日召、北一辉、石原莞尔等人中，受日莲主义影响最大的是石原。石原是国柱会的会员（1920年入会）。以日莲主义为基础形成自己的思想并持有法华教僧资质的是日召。北一辉与日莲主义无关，但保有法华经信仰，这种信仰可以说是基于巫术的萨满教性质的宗教信仰。这里需要我们注意的是，无论其中的哪一位都不再是传统意义上的法华·日莲信仰。

三、宫泽贤治（1896-1933）与《如来寿量品》

（一）贤治的生平

那么，作为日本近代《法华经》的受容事例，我们对宫泽贤治的法华信仰进行考察[①]。宫泽贤治实际是国柱会会员。1920年10月，时年24岁的他加入了国柱会。但他与《法华经》的结缘可以追溯到18岁的时候。

1896年8月1日，宫泽贤治出生于岩手县稗贯郡里川口村（现在的花卷市），父名政次郎（1874—1957），母名一（1877—1963），为家中的长子。在自我思想形成过程中，他受到了净土真宗、禅宗、基督教、民间信仰等的影响。宫泽家是净土真宗大谷派/安净寺的门徒，父亲经营着典当和二手衣服买卖生意。宫泽家是当地的

① 关于宫泽贤治的法华信仰，笔者迄今发表有"'国土成佛'的祈祷——宫泽贤治和日莲主义"（《尤里卡》2011年7月号，青土社，2011年）、"近代法华信仰中的净土观的一侧面——以宫泽贤治为例"（池见澄隆编《冥显论——日本人的精神史》，法藏馆，2012年）、"宫泽贤治的法华信仰——关注其与国柱会的关联"（福原隆善先生古稀纪念会事务局编《福原隆善先生古稀纪念论集·佛法僧论集》，山喜房佛书林，2013年）等文章，以下为这些拙稿基础上的论述。

名士。

1915年4月，贤治以第一名的成绩考入盛冈高等农林学校（现在的岩手大学农学部），在此前一年，1914年9月，贤治阅读了岛地大等编的《汉和对照妙法莲华经》（明治书院，1914年）。据贤治的弟弟清六的证言，据说贤治对《如来寿量品》尤为感动，惊喜之余，身体颤抖不已[①]。直至贤治离世,《法华经》都一直陪伴在其身旁不离左右。

1918年3月，贤治在盛冈高等农林学校毕业后，考入同校的研究生。那一年的12月，就读于东京日本女子大学的妹妹被诊断为肺炎，贤治为了照顾妹妹而到达东京。第二年的1919年1月，贤治在东京上野的国柱会馆（国柱会的东京活动据点）聆听了田中智学的演说，3月又陪着出院的妹妹回到了花卷。

1920年5月，盛冈高等农林学校研究生毕业的贤治，回到老家帮助照顾家里的生意。这期间，父亲政次郎和贤治就佛教教理进行了激烈的争论。当时，已经完全受智学影响、站在日莲主义法华信仰立场上的贤治，被站在真宗信仰立场上的父亲强迫改宗。

迄今为止的宫泽贤治研究，都认为宫泽父子的宗教对立是“真宗与日莲宗”的对立。但笔者认为，此观点失之偏颇。1899年以后，在花卷每年都会开办佛教讲习会，政次郎也是其中的主办者之一。

---

① 《家兄印象》（筑摩书房，1987年），第238页。

政次郎等人招聘晓乌敏（1877—1967）和多田鼎为讲师。晓乌和多田是清泽满之（1863—1903）的高徒，也是浩浩堂（清泽的私塾、1906年在东京本乡开设）的成员。清泽是代表日本近代佛教的净土真宗的学僧。清泽所提倡的精神主义在20世纪初期风靡一时。也就是说，政次郎的真宗信仰，就是当时最前沿的近代真宗（精神主义）的信仰。贤治的法华信仰，也是立足于当时最前沿的近代日莲信仰中的日莲主义。两者的对立，应该理解为近代性“精神主义与日莲主义的对立”。

在与父亲的激烈对峙中，1920年10月，贤治正式加入国柱会。在同年写给友人保阪嘉内（1896—1937）12月2日的书信中，贤治激动地写道[①]：

> 这次，我加入了国柱会信行部。最早，我的生命属于日莲圣人，而现在的我听命于田中智学先生。特此告知，并恭候您早日归入正教。（书简177）

这之后，他曾对保阪说过“要不要一起归入国柱会”（书简178），并要求保阪学习智学的著作《世界统一的天道》《日莲圣人乃教义》《妙宗式目讲义录》（书简178）、国柱会的机关报《天业民报》（书简188）等。

第二年的1921年1月23日，贤治感到前途迷茫，且与父亲关

① 关于贤治的书简，引自于《【新】校本宫泽贤治全集》第15卷，书简·本文编（筑摩书房，1995年），以下记载了本全集的书简编号。

系不断恶化，遂离开家乡，去往东京。第二天早晨抵达上野的贤治，直接拜访了国柱会。他拜托教团干部高知尾智耀（1883—1976），让他在国柱会做事儿。但高知尾并没有答应他，并反过来劝他进行“法华文学的创作”。从那时开始，一直到8月妹妹突病回乡为止，贤治一边在东京本乡的印刷厂做校对工作，一边努力进行童话创作。并且在国柱会内帮助做《天业民报》的配送工作，也帮忙在上野公园进行传道活动和义务活动。这个时期的贤治是一位热忱的日莲主义者。

1921年12月，贤治开始担任稗贯农学院（现在的岩手县立花卷农业高等学校）的教员。次年1922年11月27日，贤治失去了与其信仰一致的[①]最爱的妹妹。在妹妹临终的时候，贤治附在她的耳边诵读了《南无妙法莲华经》，妹妹似乎听到一样，二度点头，随之咽气。贤治埋下头，恸哭不已。

根据上田哲的调查研究，贤治的名字屡次出现在《天业民报》上是1923年。

“国性文艺会新则 / 入会申请者 一口 岩手 宫泽贤治阁下”（783号4月21日）

“角砾行进歌”（868号、7月29日）

“黎明行进歌”（874号、8月7日）

① “无声恸哭”,《【新】校本宫泽贤治全集》第2卷，诗［Ⅰ］本文篇（筑摩书房，1995年）第143页。

“青枪之叶”（882号、8月16日）

“国难救护正法宣扬同仁结束义金报告/金十万日元（救护）岩手 宫泽贤治阁下”（934号、11月27日）

从上述五篇报道[①]可以看出，贤治作为国柱会的会员（信行员）和国性文艺会会员在这一时期十分活跃。国性文艺会提倡“国体主义的新艺术兴立/法华开显的新文化运动”[②]，鼓励会员从事“国性艺术”的创作。然而保阪和政次郎并没有成为国柱会的信徒，贤治的日莲主义法华信仰也逐渐减退。

1926年3月，辞退了花卷农业学校教员工作的贤治，从6月开始执笔撰写《农民艺术论概要》。8月结成了罗须地人协会，开始积极开展农业和文化艺术活动。这些活动的理论基础便是贤治的农民艺术论。

在其“农民艺术概论”中，有如下有名的一节：

> 我们谋求近代科学的实证、求道者的实践以及我们的直观的一致
>
> 如无世界全体的幸福，个人幸福便无从谈起
>
> 自我意识是从个人向集体、社会、宇宙逐步进化

---

① “贤治和国柱会”(《宫泽贤治——通向其理想世界的里程　改订版》(明治书院，1990年）第19-20页。论文最初出自1977年，原题为“贤治研究笔记摘抄”。

② 《【新】校本宫泽贤治全集》第13卷（上），觉书·记事本·本文篇（筑摩书房，1997年）第9页。

这也是古圣贤所追寻至今的方向

新的时代是世界走向大一统、众生息息相通的时代

刚正顽强的生存意味着宇宙即是我心、我心即宇宙

让我们寻觅世界上真正的幸福！求道即是正道。[①]

贤治一边做农活、与农民进行施肥商讨，一边组织罗须地人协会的活动，因为生病，活动曾经一度中断。

在病愈后的1931年1月，贤治成为了东北碎石工场的工程师，从事“肥料用碳酸石灰”的普及和销售工作。为扩大销售，贤治到东京出差，由于肺病恶化而回到老家。同年11月，在他的手札上以“不惧雨雪／不惧风暴／不惧酷暑寒冬／用我们坚实的体魄／泯灭欲望／决不妥协／永远面带着微笑”[②]作为开头，写下了《不惧风雨》这一作品。

1933年9月21日，贤治因急性肺炎病逝，享年37岁。在病逝前，留下遗言，让家属印制一千部《国译妙法莲华经》，分送生前的知己。在经书的封底写着：“我一生的工作，就是把此经送到您的手

① 《【新】校本宫泽贤治全集》第13卷（上），觉书·记事本·本文篇（筑摩书房，1997年）第521页。在“不惧风雨”的文章结尾，记有“南无无边行菩萨／南无上行菩萨／ 南无多宝如来／南无妙法莲华经／南无释迦牟尼佛／南无净行菩萨／南无安立菩萨”。

② 宫泽清六：《家兄印象》（筑摩书房，1987年）第238页。

边，祝愿您能体触经中的佛意，悟入无上道。”[①]

在贤治死后，他的父亲政次郎和他的弟弟清六，遵照其遗言，印制了千部《国译妙法莲华经》。其底本正是贤治在18岁时阅读的岛地大等编撰的《汉和对照妙法莲华经》。

（二）贤治的法华信仰

1. 从天台的法华经观到日莲的法华经观

下面我们考察贤治的法华信仰的特征[②]。贤治在初遇《法华经》的时候，如前所述，是在1914年9月，即其18岁的时候。对岛地大等编《汉和对照妙法莲华经》的《如来寿量品第16》（特别是“自我偈”之处）颇为感动。此处经文如下：

众生见劫尽　大火所烧时

我此土安稳　天人常充满[③]

对于贤治而言，《法华经·寿量品》是“以命相守之物”（作品

① 关于贤治法华信仰的先行研究有：八重樫昊编《复刻版　宫泽贤治和法华经》（国书刊行会，1987年，原著1960年）、分铜惇作《宫泽贤治的文学和法华经》（水书房，1987年）、大岛宏之编《宫泽贤治的宗教世界》（溪水社，1992年）、田口昭典《宫泽贤治入门——宫泽贤治和法华经》（木偶工坊出版，2006年）、布拉德·阿博拉翰·乔治、小松和彦编《宫泽贤治的深层——来自宗教的映射》（法藏馆，2012年）、松冈干夫《宫泽贤治和法华经——日莲与亲鸾的狭隙》（昌平黄出版会，2015年）等。

② 岛地大等编：《汉和对照妙法莲华经》（明治书院，1914年）第427页。

③ 岛地大等编：《汉和对照妙法莲华经》（明治书院，1914年）第427页。

1020“山野师父”）[①]。贤治特意将上面的“自我偈”的一节写在了给友人的信件里。例如，在他病逝的1933年，在给菊池信一的贺年片（书简440）中，就写着“我此土安稳／天人常充满”一节。

这段“自我偈”的一节，是将现实的婆娑世界（国土）的本质看作是永远的理想世界（本国土即常寂光土）。此节也是天台思想中的婆娑即寂光思想的根据所在。在贤治的法华信仰的根底中，有关于现实世界和理想世界的关系，以及众生生存的“国土”，天人常在的“本国土”的认识论、存在论。天台的法华信仰的特征在于，依照自心一念，就可以在现实的“国土”感得永远、绝对的“本国土”。年轻时期的贤治对《法华经》的理解，受到了著名的天台学者岛地大等的影响，所以其信仰是天台学的[②]。大平宏龙认为，贤治从天台的法华经观转向日莲的法华经观，是发生在1918年左右的事情[③]。笔者也同意此观点。

在盛冈高等农林学校毕业前的一个月即1918年2月，贤治在写给父亲政次郎的书信中写道：“所信者是耶非耶，一任众人评判。所能为者，唯有勤勉自励，悟得法华之心而已”。“若有余力，则变此国土为光明世界，将此御经回流印度”（书简44）。这可以说是贤治

---

① 《【新】校本宫泽贤治全集》第4卷，诗［Ⅲ］本文篇（筑摩书房，1995年）第109页。

② 大平宏龙“《法华经和宫泽贤治》私论”（《文艺月光》第2号，2010年）第66页。

③ 同上。

关于自己的法华信仰的宣言。

同年3月14日前后，在其被推测为写给友人保阪的书信中，贤治说道：“现在不是摄受之时而是折伏之时”（书简49）。这里言及的“折伏”显然是受到了田中智学的影响。贤治更在3月20日写给保阪的书信中说：“我遥远的恩师在大约三十二岁时才开始为众生人讲法”（书简50）。这里所说的“恩师”即是指日莲。这时我们可以确认，在贤治的思想中已经表现出基于智学的日莲主义的日莲的法华信仰。

国柱会流的日莲法华信仰的特征在于，通过折伏这样的积极性布教活动谋求现实变革，以期在现世构筑“本国土”。它与天台的法华经观，即依据自己的诚心一念，在现实的“国土”感悟永远、绝对的“本国土”的理念是不同的。从书简的内容可以看出，贤治的信仰已经从前者移到了后者。

2. 田中智学的“国土成佛”

下面，我们考察曾在一段时期给予贤治莫大影响的田中智学的“国土”观。智学的日莲主义思想，集中体现在智学所著的国柱会教学体系《本化妙宗式目讲义录》（天业民报社，1904—1913年）中。这本讲义录，贤治反复读了五遍。在《本化妙宗式目讲义录》第4卷“宗要门第三”“第一段　宗教五纲”“第十三科　开显妙国”中，智学对“国土成佛”做了如下概念设定：

> 不以自己成佛为究竟目的，而度化他人个个成佛是本化“上行菩萨”的誓愿。所谓《法华经》的特色就在于国土成佛，所以日莲大士的誓愿也是阎浮统一，全世界成佛，婆娑即寂光。[①]

智学又云：

> 个人的誓愿，就是基于事具的法门，若法界不同时成佛则自己决不成佛，若国土不成佛则自己决不成佛。（中略）而要在全世界让这一理念成为事实，就要首先让日本国（大法建立的当处）成佛，再以日本国为标本，让我们国家的力量作为真理之力，使阎浮统一，让婆娑即寂光变成事实。[②]

智学的现实意识，是由个人—国家（国体）—世界三者之间的关系构成的，国土成佛包含个人成佛，并力图将全世界的“国土”的“本国土”化。而作为“国土成佛的模本”，当然是优先考虑作为国民国家的日本的“本国土”化。

国柱会会员应该遵守的“本化妙宗信条”第4条规定：“本化妙宗信行的目的是，相信即身成佛、婆娑即寂光，以期与人类共入妙

① 《本化妙宗式目讲义录》第4卷（天业民报社，1904年）第2324页。
② 同上，第2325页。

道，与国家同步成佛"[①]。其基本理念是基于娑婆即寂光的教义，由国家和"国土"的成佛而成就"本国土"。而为此所做的实践，就是国柱会会员的活动方针。

3. 关于"农民艺术"讲义

最后，我们探讨贤治所从事的将"国土""本国土化"的实践。如前所述，贤治在 1926 年 3 月从花卷农业学校辞职后，在同年 6 月开始执笔撰写《农民艺术论概要》，8 月份成立了罗须地人协会。贤治在自己进行农业实践的同时，也进行了改革现实的实践。他除了进行农业技术指导和讲义之外，还开展各种文化艺术实践活动，包括弦乐器演奏、农民剧的表演、童话的听读、农民艺术讲义、世界语的讲习等等。这些活动的理论背景，是贤治的农民艺术论。他先后执笔撰写了《农民艺术概论》《农民艺术论概论》《农民艺术的兴隆》等文章。这些都为在同年一月份开课的岩手国民高等学校的"农民艺术"讲义做铺垫，该课程持续了半年。

听过贤治讲课的伊藤清一留下了当时的"讲演笔记"[②]。它总结记录了贤治的包括"农民艺术概论"在内的很多珍贵资料。

---

① 参见《妙行正轨》，明治三十六年8月16日初版发行、昭和十二年7月20日 33 版发行、昭和四十三年 4 月 8 日复刻发行，《师子王文库》。

② 《校本宫泽贤治全集》第12卷（筑摩书房，1975年）所收。以下引文均出自此版全集。

在“序论”中有“如果没有世界全体的真实幸福，个人的幸福便无从谈起／自我意识是从个人到集团、社会、宇宙的逐步进化”（这一理念在《农民艺术概论》中被总结概括出来）。值得我们关注的是，这一节的后面有“佛教中有法界成佛之说，而无独自成佛之说”的记录，由此可以看出贤治当时的见地。这一见解和我们在3－2－2中所看到的《本化妙宗式目讲义录》的一节“个人的誓愿，就是基于事具的法门，若法界不同时成佛则自己决不成佛”的内容是相呼应的。

在《我们所祈望的是世界的真正幸福》的发言之后，伊藤的记录还记下贤治的如下见解：

若说求道，吾等已经发现了正道

除了佛教所讲菩萨行，无有它物

然，菩萨者何？大心众生者也

众生无边誓愿度

烦恼无量誓愿断

法门无尽誓愿知

佛道无上誓愿成

贤治认为，追求“世界的真正幸福”本身就是正道，也就是“菩萨行”。贤治在解说菩萨行时，还提到菩萨在救度众生之际所立下了的四弘誓愿。可见，贤治所说的救度众生的菩萨行，就是追求世界全体“真正幸福”的正道。菩萨行的典型形象——如“不惧风雨”中的“木偶之坊”那样——就是《法华经·常不轻菩萨品第20》的“不轻菩萨”。

另外，我们还应注意的是，贤治还提到《法华经·譬喻品第3》的“今此三界皆是我有/其中众生悉是吾子”。这段偈语，与其后接续的“而今此处多诸患难/唯我一人能为救护”一起，被称为“三德偈”。

“今此”——根据智学的解释——就是日莲在《观心本尊抄》中所说的“现在此刻的婆娑世界是离三灾、出四劫的常住净土”，也就是佛的境界[①]。并且，“三界”（欲界、色界、无色界构成的众生常住世界），从佛的立场上讲，也即是“我此土安稳，天人常充满”。这段文字所表达的就是婆娑即寂光的世界观。

这些记录下来的讲义表明，贤治提倡通过菩萨行的实践来实现“国土”的“本国土化”。如果这一推断能够成立的话，我们是否可以说，通过农业实践来实现“国土”的“本国土化”便是贤治晚年的法华信仰的制高点。

四、结语

以上，我们以宫泽贤治的法华信仰为例，考察了日本近代《法

① 《本佛的三德》（天业民报社，1922年），第129页。

华经》的受容。贤治由于是国柱会的会员，所以受到了田中智学的直接影响。由于受到智学的影响，在贤治的思想中便发生了如“图1：近代法华 / 日莲信仰的矩阵图”中所示的从第1象限到第3象限的转变。贤治的个案虽然不能说代表了日本近代《法华经》的受容形态，但其受容过程受到日莲主义的影响——无论是直接还是间接、肯定抑或否定——应该不是特例，也就是说，这种影响在贤治以外的人物身上也可以看到。

如本文序言所述，日莲主义是国家主义的近代佛教思想。但贤治的法华信仰几乎看不到“国家主义”或“国体主义”的影响。在这一点上，可以说贤治摆脱了智学的日莲主义。在贤治那里，将个体与世界连接起来的媒介不是国家，而是“追求世界的真正幸福”的菩萨行。贤治的理想，是基于菩萨行的“国土”的“本国土”，而这里的“本国土”的源头，可以说就是其在18岁时结缘的《法华经·如来寿量品第16》的“我此土安稳　天人常充满”一节。

（苏琦 译　张文良 校）

中国华严宗中的《法华经》

——以华严宗的判教说为中心

中国人民大学佛教与宗教学理论研究所教授　张文良

中国华严宗，顾名思义，就是以《华严经》为根本经典的佛教派别。虽然关于中国的华严宗何时成立，学术界有不同看法[①]，但一个基本的历史事实是，被后代尊为中国华严宗二祖、三祖和四祖的智俨、法藏和澄观的华严思想具有独创性，对丰富中国华严思想的内涵、推动中国华严思想的发展贡献极大。这些华严思想家通过对《华严经》的注疏而展开其华严思想，所以其思想体系围绕《华严经》而展开。如智俨的《搜玄记》和《孔目章》、法藏的《五教

---

① 在中国佛教史上，最早使用“华严宗”一词的是澄观，但澄观所说的“华严宗”是指《华严经》的宗旨，而非指宗派或祖师之间的传承。宋代的晋水净源（1011–1088）担任大中祥符寺的贤首教院的住持，而志磐在《佛祖统纪》（1269）的《诸宗立教志》中设立了“贤首宗教志”项，可见“贤首教”或“贤首宗”的说法，是在宋代开始流行的。为了方便起见，本文仍然在传统的“华严宗”的意义上使用这一概念，即把智俨、法藏和澄观等视为华严宗思想家。关于“华严宗”宋代成立说，参见王颂：《宋代华严思想研究》，北京：宗教文化出版社，2008 年。

章》和《探玄记》、澄观的《华严经疏》和《演义钞》，莫不是以阐释《华严经》的奥义为旨归。

但与此同时，其他的大乘经论，特别是《法华经》《涅槃经》以及般若系、唯识系和如来藏系的经论也进入中国华严思想家的视野。特别是当他们以《华严经》为中心思考整个佛教思想的体系并对佛教的诸经论进行序列化和体系化的整合时，如何定位在整个南北朝佛教中居于中心地位的《法华经》和《涅槃经》，或者说如何处理《华严经》和《法华经》《涅槃经》之间的关系，就成为重要的理论课题。在唐代初期，在《涅槃经》研究方面，虽然也有法宝的《涅槃经疏》等问世，但总体而言，南北朝时期走向鼎盛的所谓“涅槃宗”在理论上已经没有大的创新，而相比之下，随着天台智顗对《法华经》的创造性阐释，“天台宗”蔚然成为当时最有活力的佛教宗派之一[①]。即使尊奉《华严经》为根本经典的智俨、法藏和澄观，对智顗也充满尊敬，在《华严经》的注释和华严理论的建构中大量引用《法华经》和智顗的思想。这一点，在澄观那里尤其明显。面对天台宗的崛起，中国华严思想家必然面临如何定位《法华经》、如

① 关于中国天台宗何时成立的问题，学术界也有不同的见解。如中国台湾学者蓝日昌认为，“天台宗”的称呼最早见之于公元8世纪的湛然，而湛然即使有创宗立派的意图，由于其门下缺少知名的弟子，所以，一直到唐代中期是否有天台宗的存在，都值得进一步研究。中国天台宗的隆盛，应该是北宋时代的事情。参见蓝日昌：“天台宗真的是中国人最早创立的宗派吗”，《普门学报》第6期，2001年11月。

何定位《华严经》和《法华经》之间的关系这样的课题。可以说，华严宗的教相判释说的中心课题之一，就是如何将《法华经》的思想和天台宗的思想统合到华严思想体系之中。

下面，以智俨、法藏和澄观的判教思想为线索，分别考察其关于《法华经》的立场。通过这种考察，我们不仅可以从一个新的侧面把握中国华严思想的特质，也可以对中国华严宗与中国天台宗思想上的交涉有更深刻的认识。

一、智俨判教说中的《法华经》

按照《华严经》的说法，《华严经》是佛陀成道之后的第二个七日所说的法[①]。但这种说法与佛传中的记载有明显的矛盾。因为根据佛传的说法，佛陀成道后，在鹿野苑初转法轮，为最初出家的五比丘说法，说法四十余年之后般涅槃。也就是说，在佛陀初转法轮之前就有《华严经》这样的经典存在显然不合理，而且，佛陀初转法轮之后才有比丘的存在，在此之前不存在所谓佛弟子，而《华严经》中却有众多声闻登场，这也不符合常识。正因为存在这样的矛盾，所以中国佛教思想家在进行教相判释时，如何确定《华严经》

① 关于《华严经》的说法时间,《十地经》云："一时，薄伽梵成道未久，第二七日，住于他化自在天中，自在天王宫摩尼宝藏殿，与大菩萨无量众俱……"《大正藏》第10册，第535页上。

在佛陀教说中的地位就成为一个课题。在中国佛教史上，慧观[①]的判教说是最早的系统判教说之一。其“顿渐五时判教”的“五时”就是以佛陀初转法轮到入灭的时间顺序对诸经进行判释，此即“三乘别教（《阿含经》）”“三乘通教（《般若经》）”“抑扬教（《维摩经》）”“同归教（《法华经》）”“常住教（《涅槃经》）”等，但这种从说法的时间角度进行的判释显然难以彰显《华严经》的特质，于是又从“顿渐”的角度进行判释。在这一范畴中，《华严经》是只为菩萨所显之理，故属“顿教”；而佛陀初转法轮之后出现的诸经典由于宣扬三乘差别，所以属于“渐教”范畴[②]。由于“顿教”和“渐教”概念的提出，原本属于不同层次的《华严经》和《法华经》《涅槃经》等就统合到了同一的判教体系之中。“顿教”“渐教”这对概念，被后来的中国佛教思想家所继承，成为中国判教思想的重要范畴。

除了南朝慧观的“顿渐”二判教，北朝的地论系思想家也提出了关于“顿渐”的判释。如《十地经论》的翻译者菩提流支有“顿渐”二判教[③]，地论宗南道派之祖慧光在“顿渐”二教说的基

---

① 慧观，鸠摩罗什的弟子，生卒年不详，有《法华宗要序》存世，关于慧观的判教说的研究，参见菅野博史《中国法華思想の研究》，春秋社，1994年，第20–24页。

② 参见吉藏的《三论玄义》，《大正藏》第45册，第5页中。

③ 关于菩提流支的“顿渐”二教判，窥基在《大乘法苑义林章》卷一云：“又菩提流支法师亦立二时教。《楞伽经》说渐（顿）者，莫闻声闻、菩萨，皆渐次修行，从浅至深，名为渐也。顿者，如来能一时顿说一切法，名之为顿。”《大正藏》第45册，第247页中。

础上又提出了“渐顿圆”的三判教。由于慧光的《华严经疏》已经不存，所以我们不能从第一手资料把握其确切内涵。但在智俨和法藏的著作中，都有关于慧光的三判教的说明，所以其大略仍可推知。

智俨在《搜玄记》中关于“渐顿圆”云：

> 始于道树，为诸大行，一往直陈，宗本之致。方广法轮，其趣渊玄，更无由藉，以之为顿。所言渐者，为于始习，施设方便，开发三乘引接之化。初微后著，从浅至深，次第相乘，以阶彼岸，故称为渐。所言圆教者，为于上达分阶佛境之者，说于如来解脱法门，究竟穷宗，至极果行，满足佛事，故曰为圆。①

智俨这里所引述慧光的三判教，与法藏在《探玄记》对慧光判教的引述②略有不同，关于何者的引述更为准确的问题，由于可资比照的慧光资料的阙如而不得而知。如上所述，慧观的“渐顿”二判教，是为了统合宣说大乘不共法的《华严经》与宣说三乘差别的《法华经》而提出的理论框架，在这一框架中，只有《华严经》才可

① 《搜玄记》卷一，《大正藏》第35册，第15页下。

② 《探玄记》卷一：“三后魏光统律师承习佛陀三藏，立三种教，谓渐顿圆。光师释意，一为根未熟，先说无常，后乃说常，先空后不空等，如是渐次，名为渐教。二为根熟之辈，于一法门，具足演说一切佛法。谓常与无常，空不空等，一切具说，更无由渐，故名为顿。三为于上达分阶佛境之者，说于如来无碍解脱究竟果德圆极秘密自在法门，故名为圆。即以此经是圆顿所摄。”《大正藏》第35册，第110页下。

以称为“顿教”,《华严经》之外的经典都不能称为“顿教”。而慧光和继承慧光之说智俨对“顿教”和“渐教”的判释，虽然从字面上看似乎与《华严经》或《法华经》并没有直接的交涉，但其中的“始于道树”和“施设方便，开发三乘引接之化”的说法，还是让我们看到慧光和智俨在判释“顿教”和“渐教”时，仍然是建立在对宣扬“顿教”的《华严经》和宣扬三乘方便说的《法华经》的对比之上的。

而慧光之所以提出“圆教”的概念，显然是在他看来，“顿教”概念不足以完全涵盖《华严经》的内涵。在慧观的顿、渐二判教中，《华严经》作为“顿教”为菩萨“具足显理”，但《华严经》所显示的“理”具有何等殊胜之处，在这种判教说中并没有得到彰显。智俨在论及《华严经》的宗旨时云，“论其旨也，正明如来法身，无上菩提，至极圆道，契穷实相，德盈海奥，义兴真本，显明后际”。或许正因为《华严经》彰显了“圆道”，故慧光和智俨都在将《华严经》判为“顿教”的同时也判其为“圆教”[①]。

智俨在继承慧光的三判教的同时，还提出了“同教”和“别教”概念。在其晚年的著作《孔目章》中，智俨在说明《华严经》“融会三乘，决显明一乘之妙趣”时云：

夫圆通之法，以具德为宗。缘起理实，用二门取会。

① 法藏在《五教章》中认为,“圆教”之名来自《华严经》的“圆满修多罗”之说。《大正藏》第45册，第481页中。

其二门者，所谓同别二教也[①]。

别教者，别于三乘故。《法华经》云，三界外，别索大牛之车故也。同教者，《经》云会三归一，故知同也。[②]

也就是说，“别教”是指区别于声闻乘、缘觉乘和菩萨乘等三乘教之一乘教；而“同教”则指将三乘会归一乘。换言之，“别教”着眼于三乘与一乘之间的差异性；而“同教”则着眼于三乘与一乘之间的共同性。值得注意的是，智俨在阐释“同教”和“别教”时，其经证不是《华严经》而是《法华经》，即《法华经》的著名的“三车”和“四车”譬喻。其中，“别教”指《法华经》所说的羊车、鹿车、牛车之外，别有大白牛车的存在；而“同教”则指《法华经》所说的“会三归一”。那么，智俨在这里为什么特意要引入《法华经》作为经证呢？根本的原因在于《华严经》中没有一乘和三乘相对的概念，而《法华经》的宗旨恰恰是相对于三乘而说一乘，即开显三乘方便之教，又将其会归于一乘真实。如果没有与“一乘”相对的“三乘”概念的存在，那么“一乘”概念的内涵也不能得到完全彰显。智俨要确立《华严经》的圆教一乘的地位，要说明《华严经》既具有相对于其他经论的超越性，又具有与其他经论的同一性，借助《法华经》的三乘、一乘的概念具有理论上的必然性。当然，《法华经》本身在大乘佛教的地位，以及《法华经》

① 《孔目章》卷四，《大正藏》第45册，第585页下。

② 《孔目章》卷四，《大正藏》第45册，第586页上。

在南北朝时期的巨大影响力也是智俨在判教中援引《法华经》为经证的重要原因。

那么，在智俨的判教中，“圆教”与“同教”“别教”之间是什么关系呢？由于“同教”和“别教”也出现于法藏和澄观的思想体系中，而且其内涵有很大变化，所以确定它们在智俨这里的含义就显得很重要。实际上，这里的“圆教”“同教”“别教”之间的关系不是并列关系，而是从属关系，“同教”和“别教”不是各自独立的“教”，而是“圆教”的两个侧面。“同教”和“别教”分别表示《华严经》作为一乘教与三乘乃至小乘之间所具有的共同性和差异性。关于“同、别”二教，智俨在《搜玄记》中又云：

> 问：此经何故上来通三乘分别及摄者？
>
> 答：为此经宗通有同别二教，三乘境见闻及修等故也。如《法华经》三界之中，三车引诸子出宅，露地别授大牛之车。仍此二教，同在三界，为见闻境。又声闻等为穷子，是其所引。故知小乘之外，别有三乘。互得相引，主伴成宗也。[①]

这里出现的“宗通”概念，与四卷《楞伽经》的“说通”与“宗通”说，以及慧光之师佛陀三藏的三判教（三乘别教、通教、通宗）相关联，思想内涵很丰富。与智俨《搜玄记》的其他部分出

---

① 《搜玄记》卷一，《大正藏》第35册，第14页下。

现的“一乘通宗”结合起来考察，它应该是指相对于三乘教的一乘教的立场。这段问答的主旨是说，作为一乘教的《华严经》有“同教”和“别教”两个方面的内涵，作为“别教”，如《法华经·譬喻品》中所说的“三车”之外的“大白牛车”所示，指一乘教不同于三乘和小乘；而作为“同教”，是指无论是一乘教还是三乘教，都是三界内的众生所见闻的境界。三界内的众生也包括声闻众。所以这里又以《法华经·信解品》中所说的长者穷子的譬喻，暗示声闻也可以成佛。这里的“互得相引”，是指《华严经》虽然不是直接以声闻为对象，但由小乘作为方便，可以导引众生归于三乘，由三乘作为方便，又可以导引众生归于一乘，最终，《华严经》作为一乘教，其教义向包括声闻在内的一切众生开放，这是其作为“同教”的特征所在。可见，“同教”和“别教”都是《华严经》所具有的特征。

作为《华严经》的信奉者，智俨当然将《华严经》视为信仰的中心，这一立场，在他的《孔目章》中有清晰的表述，在此，智俨将《华严经》视为是“正乘”而将《法华经》等其他大乘经典视为“方便乘”[①]。但智俨虽然尊崇《华严经》，但并没有《华严经》至上主义的立场，而是强调《华严经》的开放性和包容性，这一点与后来

① 《孔目章》卷一：“又一乘义者。分别有二，一者正乘，二者方便乘。正乘如《华严经》说，亦如前分别。方便乘者，分别有十……此依《法华经》说。”《大正藏》第45册，第538页。

的法藏的立场有很大的不同。这也是智俨在确立《华严经》的圆教地位时，能够借用《法华经》的“三乘”“一乘”概念，将《法华经》的思想有机地组织到其判教体系之中的重要思想背景。

二、法藏的《法华经》观

如上所述，智俨所说的“同别”二教，是指《华严经》本身所具有的两个侧面，即一乘与三乘相通的一面和一乘与三乘相异的一面，并不是如“顿教”和“渐教”那样分别指称不同类别的经典。从这个意义上说，“同教”和“别教”，在智俨那里是不是严格意义上的判教都是一个问题[①]。而“同教”和“别教”概念，到法藏那里，其内涵却发生了很大变化。法藏的着眼点是确立《华严经》的“别教一乘”的地位，而他关于“别教一乘”的定义，也是结合《法华经》的解释而展开。法藏在《五教章》中论述“分相门”时云：

> 此则别教一乘，别于三乘。如《法华》中，宅内所指门外三车，诱引诸子令得出者，是三乘教也。界外露地所

① 关于智俨的“同教”和“别教”是不是判教的概念，学者之间有分歧。如吉津宜英将其视为智俨的判教的概念，而织田显祐则对此持否定态度。参见吉津宜英《華厳一乗思想の研究》（東京，大東出版社，1991 年）第 47–53 页、织田显祐《華厳一乘思想の成立的研究——地論宗教判史より見た智儼の教》、《華厳学研究》第二号，東京：華厳学研究所編，1988 年。

授牛车，是一乘教也。[①]

众所周知，关于《法华经·譬喻品》的这段经文，中国佛教史上曾出现各种不同的解释，特别是围绕“大白牛车”所代表的佛乘与“牛车”所代表的菩萨乘是一还是二的问题的不同解释，形成所谓“三车家”和“四车家”两个流派。通过法藏上述对这一譬喻的解说可以看出，法藏显然认同“大白牛车”所代表的“别教一乘”的特殊地位，与历史上的光宅寺法云、天台智顗等同样，属于“四车家”。

正是由于这种“四车家”的立场，法藏在展开其华严一乘思想时，多处引用《法华经》的经文，以说明三乘之外有一乘的存在。如关于“三乘”和“一乘”之间的差别，法藏从权实差别、教义差别、所期差别、德量差别、约寄位差别、付嘱差别、根缘受者差别、约机显理差别、本末开合差别等十个方面加以分析，在结合经论进行分析说明时，前四项的经证，都是《法华经·譬喻品》中的三车、四车譬喻。

但法藏判教的特色不仅仅在于其“四车家”的立场，还在于他借助《法华经·譬喻品》的内容，进一步对“别教一乘”“同教一乘”进行了区分。在“教义摄益第二”部分，法藏对“别教一乘”“三乘教”“同教一乘”分别进行了如下解释：

---

① 《五教章》卷一，《大正藏》第45册，第477页下。

一者如露地牛车自有教义。谓十十无尽，主伴具足，如《华严》说，此当别教一乘。二者如临门三车自有教义。谓界内示为教，得出为义，仍教义即无分，此当三乘教，如《解深密经》及《瑜伽》等说。三者以临门三车为开方便教，界外别授大白牛车，方为示真实义，此当同教一乘，如《法华经》说。[①]

即认为《法华经·譬喻品》中出现的“露地牛车”所象征的教义是《华严经》所代表的“别教一乘”；“临门三车”所象征的教义是《解深密经》和《瑜伽师地论》等所代表的“三乘教”；“临门三车”和“大白牛车”组合在一起所象征的教义，则是由方便而归入真实，即《法华经》所代表的“同教一乘”。

显然，法藏所理解的“同教”和“别教”与智俨所理解的“同教”和“别教”有了很大不同。法藏所说的“同教”和“别教”分别指《法华经》和《华严经》，而智俨的“同教”和“别教”皆为《华严经》的特征，分别代表《华严经》一乘与三乘有“同”和“别”两个方面；智俨的“同教”和“别教”在价值上是平等的，没有高下之别，而法藏的“同教”和“别教”则有高低之分。如上述引文所示，《华严经》所代表的“别教一乘”是“露地白牛车”自有教义，即《华严经》的一乘是直显一乘，不需要经由对三乘的

① 《五教章》卷一，《大正藏》第45册，第480页上。

超越才进入一乘。相比之下,《法华经》所代表的“同教一乘”,是先开三乘的方便教,然后才显示真实义,是经由三乘而归入一乘。

这种对《法华经》的定位,不仅出现在《五教章》中,而且出现在其后期著作《探玄记》中。在《探玄记》的玄谈部分的“七显开合”,法藏认为《华严经》的“一乘”是“直体一乘”,而《法华经》的“一乘”是“破异一乘”,即通过对三乘的破析才显示“一乘”①;《华严经》的“一乘”是“表体一乘”,《法华经》的“一乘”是“遮三一乘”。即《华严经》直接对大菩萨宣说法界成佛之义,不需要面对二乘,因而也不需要破斥二乘;而《法华经》(也包括《涅槃经》)则需要破斥二乘之权教才能显示一乘。

法藏拿来与《华严经》进行对比并通过对比而彰显《华严经》殊胜地位的经典,除了《法华经》还有《解深密经》和《瑜伽师地论》。这一事实,在我们考察法藏确立《华严经》至上地位的思想背景时非常重要。在法藏生活的年代,以《法华经》为根本经典的天台宗在佛教思想界已经确立其地位,法藏要彰显《华严经》的至上地位,自然要对《华严经》和《法华经》之间的优劣进行对比。而当时佛教界另一大势力,则是玄奘的弟子开创的法相宗。该宗以《解

① 《探玄记》卷一:“一乘二者,一破异明一,如《法华经》,破二实灭。及《涅槃经》破无佛性。俱是对权会破,方说一乘。二直体显一。如《华严经》不对二乘,无所破故。为大菩萨直示法界成佛仪故。是故初说《华严》,无权可会,终说《涅槃》,会前诸权。是即非尽权无以显实,是俱名一乘。”《大正藏》第35册,第114页中。

深密经》和《瑜伽师地论》等为根本经典，宣扬印度瑜伽行派的唯识思想。玄奘的弟子所宣扬的唯识思想被后世称为“新译唯识”，以区别于之前真谛三藏等所译的“旧译唯识”。“新译唯识”向唐代佛教界吹入一股新风，也对既存的诸思想体系形成冲击。法藏要确立《华严经》的至上地位，除了比较《华严经》与《法华经》之间的优劣，还要比较《华严经》与《解深密经》和《瑜伽师地论》等唯识系经论之间的优劣。这就是法藏在《五教章》和《探玄记》中对“别教一乘”与“三乘教”“同教一乘”进行对比的思想背景。如前所述，智俨虽然尊崇《华严经》，但尚无明确的《华严经》至上意识，但到法藏这里，我们从其判教说中可以看到这种明确的《华严经》至上意识。这也可以说是中国华严宗的宗派意识觉醒的证据之一。

在“教起前后”部分，从说法的时间顺序讨论了《华严经》比之于其他经典的殊胜之处。在这里，法藏一方面将《华严经》称为“称法之本教”、将其他经典称为“逐机之末教”，彰显《华严经》的地位，另一方面，法藏又从华严独特的圆融无碍的时间观出发，认为佛陀说法又不受过去、现在、未来的机械时间观的限制，是一说一切说。这似乎说明，在法藏那里，《华严经》的至上性和圆融性之间仍然存在紧张关系，如何在彰显《华严经》的至上性的同时，说明其圆融的性格，是一大理论课题。这一点，我们从法藏对待《法华经》《解深密经》《瑜伽师地论》等经论的态度中也可以看出。法藏虽然认为这些经论在理论的圆满性方面不及《华严经》，但并不否定这些经论的思想价值，相反，法藏大胆吸收、改造这些经论的思想，为我所用。如改造法相宗的三性说基础上形成华严思想的三性说等，就是显著的例子。而从法藏对《法华经》的大量引用可以看出，《法华经》不仅为法藏提供了大量的思想素材，而且为法藏提供了“一乘”和“三乘”的概念框架。与智俨一样，法藏也是借助《法华经》的这组概念才构建了华严一乘的判教体系。

三、澄观对《法华经》的思想定位

那么，在澄观那里，《法华经》又是如何被定位的呢？澄观在总结以往的判教说时，提到了法藏的“同教”“别教”二判教，但澄观对法藏的判教只是客观介绍，并没有对此做任何评价[①]。实际上，澄观自身在《华严经疏》的“义理分齐”部分，对“圆教”的内涵进行解说时，对“同教”和“别教”做了如下独特的解释：

故此圆教语广，名无量乘。语深，唯显一乘。一乘有二。一同教一乘，同顿同实故。二别教一乘，唯圆融具德

① 《华严经疏》卷二：“或分为四。此亦二门，一中间三教，存三泯二别故，开之为四。一别教小乘，如四《阿含》等。二同教三乘，如《深密》等。三同教一乘，如《法华》等。四别教一乘，如《华严经》。”《大正藏》第35册，第513页中。

故。以别该同，皆圆教摄。[1]

要理解这段话的内涵，必须首先了解澄观的“五教”判教说。澄观基本继承了法藏的五教说，将佛陀一代教说判为小乘教、大乘始教、大乘终教、顿教和圆教。在五教之中，后四教又可分为“权教”和“实教”，即大乘始教为“权教”，而后三教即大乘终教、顿教和圆教又合称“实教”。“权教”和“实教”的划分标准是性与相是否相即。大乘始教即瑜伽行派的经论所说，属于性相别立的“法相宗”，而后三教属于性相不二的“法性宗”。澄观所说的“同教一乘”是指作为“圆教”的《华严经》同于“顿教”和“大乘终教”，因为三者皆属“实教”“法性宗”；而《华严经》作为“圆教”又有与“顿教”和“大乘终教”相区别的一面，在这个意义上，《华严经》称为“别教一乘”。从教理上说，“顿教”和“大乘终教”皆说事理无碍之理，而只有《华严经》“圆教”才说事事无碍之理。

澄观所说的“同教”和“别教”，皆就《华严经》而论，表达《华严经》作为“圆教”既具有超绝性又具有圆融性，超绝性表达《华严经》与其他诸教之不同，而圆融性则表达《华严经》摄收其他诸教的教理。这与法藏以“同教”“别教”分别指称《法华经》和《华严经》的做法显然不同。毋宁说，在核心的方面，澄观此说

① 《华严经疏》卷二，《大正藏》第35册，第514页上。

与智俨的“同教”和“别教”说更相近，即二者都是就《华严经》立论，并不涉及《法华经》和《华严经》之间的比较和优劣问题。

澄观在《华严经疏》和《演义钞》中有数处直接论及《法华经》和《华严经》的关系。如在解说《法华经》和《华严经》与小根器众生的关系时，澄观在《华严经疏》中，称《法华经》为“渐教之终”，称《华严经》为“顿教之始”[①]。澄观接受了传统的、以“顿教”“渐教”把握《华严经》和《法华经》的说法。而在《演义钞》中，澄观对《华严经疏》的这段文字做了进一步解说：

> “然《法华》”下，会释二经。此依化仪渐顿二教，通释经意。《法华》是渐者，化仪渐故。先说三乘，引导众生，然后但以大乘而度脱之，故云渐也。非法门为渐。[②]

在这里，澄观认为《法华经》和《华严经》虽然有“渐”和“顿”的区别，但这种区别仅限于从“化仪”的角度所作的判别。说《法华经》是“渐教”，是指《法华经》先说三乘后说大乘，并不能说其“法门”为“渐教”。从“化仪”和“化法”两方面判释佛陀一代教化是天台宗判教说的特色，从上述引文可以看出，澄观接受了天台宗的这种判教的模式，并且表达了从“化法”的角度重新定位

① 《华严经疏》卷五四：“如《法华》中五千拂席，或令在会，使其不闻，即如今经。然《法华》渐教之终，将收败种故，加令其去，笃励在会，使其信受。此经顿教之始，为显深胜，留使不闻，令诸后学，修见闻种。”《大正藏》第35册，第915页中。

② 《演义钞》卷八四，《大正藏》第36册，第661页中。

《法华经》的意图。

澄观在回顾历史上的判教说时，关于智顗的判教做了如下解说：

顿中唯二化法，余三具四教法。是故以化仪取法，《华严》之圆，是顿中之圆；《法华》之圆，是渐中之圆。渐顿之仪，二经则异；圆教化法，二经不殊。大师本意，判教如是。又名圆教，亦名为顿，故云圆顿止观。由此，亦谓《华严》名为顿顿，《法华》名为渐顿。以是顿仪中圆顿，渐仪中圆顿故。[①]

在这里，澄观借助评介智顗的判教说，阐释了自己对《法华经》和《华严经》之间关系的理解。澄观的见解可以归结为两点：

一、如果结合“化仪”和“化法”，从两个角度看待《法华经》和《华严经》，那么，《法华经》是“渐中之圆”，《华严经》是“顿中之圆”，即《法华经》属于“渐教”中的“圆教”，而《华严经》属于“顿教”中的“圆教”。虽然在“化仪”上，《法华经》和《华严经》有“顿”“渐”之别，但在“化法”上，二者皆属于“圆教”。

二、因为“顿”也有“圆”之义，如“圆顿止观”所示，所以《华严经》又可以称为“顿顿”，《法华经》又可以称为“渐顿”，分别指顿仪中的圆顿、渐仪中的圆顿之义。

那么，如何评价澄观的见解呢？有论者认为这段话表达了澄

① 《演义钞》卷七，《大正藏》第36册，第50页上。

观将《华严经》置于《法华经》之上的观念，带有贬低《法华经》的倾向[1]。实际上，比之《华严经》与《法华经》在“化仪”上的“顿”“渐”之分，澄观显然更重视两者在“化法”上的一致性，即强调两者都是“圆教”。换言之，澄观承认《华严经》和《法华经》之间的“异”，但更重视两者之间的“同”。

众所周知，在天台的判教说中，《华严经》被判为“圆兼一别”，即《华严经》是佛陀为圆满根机的众生所说的圆融教义，在这个意义上，属于“圆教”；但《华严经》诸品的内容又是围绕十住、十行、十回向、十地等菩萨修行的阶位而展开，在这个意义上，属于“别教”。《华严经》的圆融教义被称为“圆融门”，而次第修行被称为“行布门”。“圆融门”虽然属于“圆教”，但“行布门”则属于“别教”。天台宗对《华严经》的这种判释，自然包含着《法华经》高于《华严经》的色彩，因为《法华经》是佛陀一代教化的集大成，属于“纯圆”，而《华严经》则是“兼别”之“圆”。

对于天台宗对《华严经》的判释，澄观在讨论天台的判教说时云：

> 但判《华严》兼于圆别，以就登地已上，约寄位行布，

① 参见结城令闻：《華厳・天台両乘の教学的交涉——法華・華厳両経に対する両家よりの相互対弁》，《華厳思想——結城令聞著作選集》第二卷，春秋社，1999 年，第 181–201 页。

为别义故。名异义同，亦无大过。[①]

即在澄观看来，天台宗判《华严经》兼于“别教”，是就登地以上的菩萨渐次修行十住、十行、十回向、十地等而言。这里的“别教”与“圆教”虽然称呼不同，但内涵相同。正是在这个意义上，澄观认为，天台宗判《华严经》为兼于“别教”之“圆教”，并没有大的问题。

澄观之所以作出这样的判断，是基于华严思想对“圆”和“别”作出再解释的结果。如上所述，天台宗判定《华严经》圆兼于别的根据，在于《华严经》有“圆融门”和“行布门”的区别，而华严宗的思想家从一开始就认为两者是一体无二的关系。如法藏在阐释菩萨修行的阶位时云，“始从十信，乃至佛果，六位不同”，承认菩萨修行的阶段性，但与此同时又云，“随得一位，得一切位”，即“行布门”虽然在表现形式上历然有别，但在本质上，一位圆融一切位，都是建立在圆融平等基础之上。澄观显然也认为“圆融”和“行布”是圆融无碍的，所以无论称《华严经》为“圆教”还是“别教”，都是可以的。而撇开“圆融”谈“行布”，或撇开“行布”谈“圆融”，反倒成为大问题。澄观还认为，“别”有两种，一种是与“总”相对之“别”，相当于整体和部分之间的关系；另一种是与“圆”相对之“别”，相当于体与用之间的关系。在总—别的关系中，“别”不同于

① 《华严经疏》卷二，《大正藏》第35册，第510页上。

“总”，而在圆—别的关系中，“别”与“圆”体一不二、圆融一体[①]。澄观所理解的与“圆教”“名异义同”的“别教”，显然是后一种意义上的“别”。

问题是，天台宗所说的“圆教”和“别教”重点在于二者的区别，天台宗提出此说的意图在于确立《法华经》的“圆教”地位。就《法华经》和《华严经》之间的关系而论，天台宗显然不是强调二者之间的共同性，而是强调《法华经》高于《华严经》。澄观显然也了解天台宗人的意图，但他还是曲为之解，将原本强调“圆教”和“别教”之“异”的天台说，解释为强调两者之“同”的学说。从这个意义上说，澄观的解说与其说是祖述天台宗之说，不如说是借天台宗的判教阐释自己的思想。

这种倾向也表现在澄观对《法华经》内容的解释中。《法华经》的《序品》有“诸佛以方便力，于一佛乘，分别说三”之语。对此，澄观解释云：

> 又《法华》第一云，于一佛乘分别说三。亦是从本流末。即指《华严》为一乘。分别说昔之三，三即鹿野四谛等。若也，不指《华严》为本，鹿野之前，以何为一

① 《演义钞》卷二九：“细寻方别。前是总别对，此是圆别对。二处别则大同，而圆总则异前。言总别者，别则此界他界各各不同，总则处处皆同此一。今圆别者，别则要有差别方能遍故，若不差别不能遍也。圆则不要差别而能周遍。”《大正藏》第36册，第221页下。

乘耶。[1]

即在澄观看来,《法华经》的“于一佛乘，分别说三”，是从“本教”流出“末教”。“本教”是指“一乘”即《华严经》的教义；“末教”则指“三乘”即佛陀在鹿野苑初转法轮时所说的四谛法等。按照《法华经》的本意，“一佛乘”显然是指《法华经》的一乘教义，不可能指《华严经》。澄观在这里显然有引他人水浇自家田之嫌，但从另一方面看，澄观并没有将《华严经》和《法华经》之间的差异绝对化，而是认为它们在内容上也是相互交涉的。这可以说是澄观对待《法华经》的基本立场。在如何定位《法华经》方面，澄观之所以秉持不同于法藏的立场，与澄观时代的中国佛教界的状况以及澄观的个人经历皆有关系。由于法藏及其弟子慧苑等的努力，华严宗在澄观的时代已经蔚为显学，在这种背景下，与法藏凸现华严宗的至上性的做法不同，澄观更强调华严宗的圆融性，澄观的这一立场从其在著作中大量依用法相宗、天台宗乃至涅槃宗思想的做法中可以窥其一斑。从《宋高僧传》的记载看，澄观早年在接触《华严经》之前曾学习《法华经》，并曾问学于天台宗六祖荆溪湛然[2]。这种独特的求学经历，或许是影响其《法华经》观的重要因素。

---

① 《演义钞》卷三,《大正藏》第36册，第20页中。

② 《宋高僧传》“清凉澄观传”云：“年甫十一，依宝林寺（今应天山）霖禅师出家，诵《法华经》……（大历）十年，就苏州，从湛然法师习《天台止观》《法华》《维摩》等经疏。”但澄观同时代的裴休所撰《妙觉塔记》中并无相关记载，所以澄观是否从湛然学习天台仍有疑问。

四、结论

通过以上考察，我们可以得出以下结论：一、无论是智俨、法藏还是澄观都是以《华严经》为本位考察《法华经》的思想定位问题，虽然三人之间有程度上的差别，但都强调《华严经》相较于包括《法华经》在内的其他大乘经论的优越地位。作为以《华严经》为根本经典的华严思想家，这当然是自然的选择；二、三位华严思想家无例外地大量依用《法华经》的经文和思想来构筑其华严的判教说，特别是《法华经》的“一乘”“三乘”和天台宗的“圆教”“别教”等概念成为华严判教说中的重要概念。这一点，在澄观的著作中表现得最为明显。三、虽然在法藏的判教说中，特别是其“一乘别教”和“一乘同教”说中有扬《华严经》而贬《法华经》的作法，带有《华严经》至上的色彩，但在智俨和澄观的判教说中，“别教”和“同教”皆被视为《华严经》所具有的思想特征，并不涉及《华严经》和《法华经》之间的优劣对比。在澄观那里，《法华经》和《华严经》之间虽然有“渐”“顿”之别，但两者都被视为“圆教”。从这个意义上说，澄观的立场或许可以称为“圆教”至上主义，而非《华严经》至上主义。

在东亚学术界（主要是中国大陆、中国台湾和韩国学术界），宗派概念的形成及有效性问题是一个较为热点的研究课题。在宗派的形成中，宗派意识的觉醒和确立无疑是一个重要因素。具体到中国华严宗，其宗派意识的觉醒，甚至可以追溯到地论宗祖师慧光的“圆教”说。但宗派意识何时确立，却是一个值得进一步深入探讨的问题。通过以上对智俨、法藏和澄观的《法华经》观的考察，我们从一个侧面看到了中国华严学与天台学之间的思想交涉，也从一个侧面看到，至少到澄观的时代，以《华严经》至上意识为核心的华严宗宗派意识似乎并没有完全确立。

主要参考文献

结城令闻:《華厳・天台両乗の教学的交渉——法華・華厳両経に対する両家よりの相互対弁》,《華厳思想——結城令聞著作選集》第二巻，春秋社，1999年。

镰田茂雄:《華厳教学におよぼした法華経の影響——〈華厳五教章〉を中心として》,《法華経の受容と展開：法華経研究》通号12，1993。

吉津宜英:《中国華厳学派の人々による天台教学の依用——特に天台義への澄観の〈依憑〉に注目して》,《天台大師研究——天台大師千四百年御遠忌記念出版》，東京，1997年。

菅野博史:《智顗と吉藏の法華経観の比較——智顗は果たして法華経至上主義者か？》,《南北朝・隋代の中国仏教思想研究》，東京：大藏出版，2012年。

织田显祐:《華厳一乗思想の成立的研究——地論宗教判史より見た智儼の教学》,《華厳学研究》第二号, 東京: 華厳学研究所編, 1990 年。

附录　第六届中日佛学会议日程表

2015年

10月30日（星期五）

全天：外地代表报到（研究所、住宿宾馆）

17：00～18：00预备会议（中日代表团全体成员）

地点：白云山庄七盘厅

18：00～19：30欢迎晚宴

地点：白云山庄白云厅

10月31日（星期六）

08：30～09：00会议代表签到

地点：白云山庄南明厅

09：00～09：30开幕式（张风雷主持）

1. 浙江新昌大佛寺方丈传实法师致欢迎辞
2. 日本代表团团长、日本创价大学菅野博史教授致辞
3. 中国学者代表、北京大学王邦维教授致辞

09：30 ~ 10：00 摄影留念、茶叙

10：00 ~ 11：00 日方代表团——濑户短期大学冈田行弘教授发表

题　目:《〈法华经〉在印度的形成及其思想》

主持人: 中央民族大学　刘成有教授

评议人: 中国人民大学　宣方副教授

发表 25 分钟，评议 15 分钟（含翻译），开放讨论 20 分钟

11：00 ~ 12：00 中方代表团——北京大学李四龙教授发表

题　目:《南北朝〈法华经〉注疏体例之演变》

主持人: 浙江社会科学院　陈永革教授

评议人: 日本创价大学　菅野博史教授

发表 25 分钟，评议 15 分钟（含翻译），开放讨论 20 分钟

12：00 ~ 14：00 午餐、午休

14：00 ~ 15：00 日方代表团——创价大学菅野博史教授发表

题　目:《吉藏对〈法华经〉和〈华严经〉的比较研究》

主持人: 南京大学　杨维中教授

评议人: 东南大学　董群教授

发表 25 分钟，评议 15 分钟（含翻译），开放讨论 20 分钟

15：00 ~ 15：10 第一轮茶叙

15：10 ~ 16：10 中方代表团——中国政法大学俞学明教授发表

题　目:《〈法华经〉与智顗的教育实践》

主持人: 山东大学　陈坚教授

评议人：日本皇学馆大学　河野训教授

发表25分钟，评议15分钟（含翻译），开放讨论20分钟

16：10～16：20第二轮茶叙

16：20～17：20日方代表团——皇学馆大学河野训教授发表

题　目：《从〈正法华经〉看竺法护的编译》

主持人：中国计量学院　邱高兴教授

评议人：上海师范大学　伍小劼副教授

发表25分钟，评议15分钟（含翻译），开放讨论20分钟

18：00晚餐（沃洲厅）

11月1日（星期日）

08：00～08：30智者大师纪念馆落成典礼

08：50～12：10“智者大师与佛教中国化”学术座谈会

08：50～09：50中方代表团——华东师范大学赵东明讲师发表

题　目：《汉译〈妙法莲华经·法师功德品〉“六根清净”义及天台智顗的解释》

主持人：云南大学　杨勇副教授

评议人：日本濑户短期大学　冈田行弘教授

发表25分钟，评议15分钟（含翻译），开放讨论20分钟

09：50～10：00第一轮茶叙

10：00～11：00日方代表团——东京大学蓑轮显量教授发表

题　目：《〈法华经〉受容在日本的展开》

主持人：中央民族大学 谢路军教授

评议人：苏州大学 韩焕忠教授

发表25分钟，评议15分钟（含翻译），开放讨论20分钟

11：00～11：10 第二轮茶叙

11：10～12：10 中方代表团——宁波大学张凯助理研究员发表

题 目：《光宅法云〈法华义记〉中的佛身思想》

主持人：西藏民族学院 牛延锋副教授

评议人：日本东京大学 蓑轮显量教授

发表25分钟，评议15分钟（含翻译），开放讨论20分钟

12：10～14：00 午餐、午休

14：00～15：00 日方代表团——佛教大学大谷荣一准教授发表

题 目：《日本近代〈法华经〉的受容》

主持人：中国藏学研究中心 徐绍强教授

评议人：中国人民大学 张雪松副教授

发表25分钟，评议15分钟（含翻译），开放讨论20分钟

15：00～15：10 第一轮茶叙

15：10～16：10 中方代表团——中国人民大学张文良教授发表

题 目：《中国华严宗中的〈法华经〉》

主持人：浙江大学 张家成教授

评议人：日本佛教大学 大谷荣一准教授

发表25分钟，评议15分钟（含翻译），开放讨论20分钟

16：10 ~ 16：20 第二轮茶叙

16：20 ~ 17：00 闭幕式（张文良主持）

1. 日方代表团团长、创价大学菅野博史教授致辞

2. 日方代表团秘书长、东京大学蓑轮显量教授致辞

3. 中方正式代表、北京大学李四龙教授致辞

4. 中方特邀代表、南京大学杨维中教授致辞

5. 会议承办方负责人、浙江新昌大佛寺方丈传实法师致辞

6. 会议主办方负责人、中国人民大学张风雷教授致辞

7. 中日代表团互赠礼物

17：30 ~ 19：30 招待晚宴（白云厅）